오늘은
어린이책

5

도서 선정 및 편집 위원

김다노 동화 · 청소년소설 작가

김유진 아동청소년문학 평론가, 동시인

김지은 아동청소년문학 평론가, 서울예대 문예학부 교수

남윤정 나다움어린이책 기획자

서현주 전 초등학교 교사, 성인지감수성 성교육 활동가

신수진 어린이책 편집자, 시민교육 활동가

유지현 기획자, 책방사춘기 대표

윤아름 초등학교 교사

이혜인 그림책 작가

최현경 어린이책 편집자

오늘의 어린이책 5

발행일 2026년 3월 8일
펴낸곳 오늘나다움
펴낸이 남윤정
편집 최현경
디자인 김지은
제호·캐릭터 이지선
인쇄 명지북프린팅

출판등록 2021년 7월 9일 제2021-000028호
주소 서울시 마포구 신촌로2길 19 마포출판문화진흥센터 플랫폼P 3층 P21
전화 010-7339-7265
전자우편 oneul.nadaum@gmail.com
홈페이지 instagram@daoombookclub
ISBN 979-11-975580-5-4 03020

오늘의 어린이책 5

다움
북클럽

안전하고 용기 있는 지도를 위하여

남윤정*

2019년 '나다움어린이책'으로 첫발을 뗐던 성평등 어린이책 추천 작업이 어느덧 7년째를 맞이했습니다. 매년 한 권의 잡지로 엮어 온 『오늘의 어린이책』도 이제 다섯 번째 호에 이르렀습니다. 지난 한 해 동안 열 명의 기획위원은 많은 어린이책을 읽으며 자기긍정, 다양성, 공존의 가치가 담긴 책을 정성껏 골라냈습니다. 여러 차례의 깊은 논의 끝에 선정한 '2026 오늘의 어린이책' 목록에는 보석 같은 93권의 책이 담겨 있습니다. 여기에 실린 서평들은 기획위원 개개인의 독후감이면서, 동시에 이 소중한 책들이 독자들의 마음에 닿기를 바라는 간절한 편지이기도 합니다. 올해의 추천 도서들 역시 『오늘의 어린이책』을 기다려 주신 분들에게 새로운 책을 만나는 든든한 길잡이가 되어 주었으면 합니다.

빨강, 노랑, 보라, 주황을 지나 연둣빛 표지를 입은 이번 호의 주제는 '기후 위기와 생태'입니다. 이제 지구촌 곳곳의 자연재해는 더 이상 낯선 소식이 아닙니다. 기후 위기는 먼 미래의 경고가 아니라 우리 삶을 파고

* 나다움어린이책 기획자, 『오늘의 어린이책』 펴낸이

드는 위협이 되었습니다. 폭설과 폭우, 산불과 해수면 상승 같은 징후가 일상이 된 현실 앞에서 때로 무력감을 느끼기도 합니다. 그러기에 『오늘의 어린이책』이 이 엄중한 지구적 사건을 어떻게, 어떤 시선으로 담아내야 할지 우리의 고민은 더욱 깊을 수밖에 없었습니다.

우리는 먼저 도서 추천 기준에 기후 위기 문제를 더욱 적극적으로 반영하기로 했습니다. 이에 따라 열 번째 범주인 '연대'의 마지막 문항을 "비인간 존재를 적극적인 행위자로 존중하고 함께 세상을 만들어 가나요?"라는 질문으로 새롭게 교체했습니다. 광활한 우주 속에서 찰나의 시간을 살아가는 인간 '호모 사피엔스'가 하나뿐인 지구와 모든 생명체에게 더 다정하고 겸손한 친구가 되었으면 하는 바람을 담았습니다.

'기후 위기와 생태'는 어린이책에서 오랫동안 다뤄 온 주제입니다. 작가들은 그림책, 동화, 청소년소설, 그래픽노블, 논픽션 등 다채로운 형식을 빌려 이 문제를 끊임없이 이야기해 왔지요. 이번 호에서는 한국과 외국의 여러 작가가 인간과 비인간, 자연과 생태의 이야기를 어떻게 세밀하고 치열하게 탐구해 왔는지 아낌없이 지면을 할애해 살폈습니다.

제주에서 작업하는 김영화 작가는 흙을 만지고 생명을 돌보는 정직한 경험이 어린이의 내면에 어떻게 단단한 뿌리를 내리는지, 그 생태적 감수성의 본질을 들려줍니다. 스웨덴 작가 사라 룬드베리와 작은 책방에서 나눈 대화는 작가의 호흡과 사유가 고스란히 느껴질 만큼 깊고 아름답습니다. 또한 지난해 국내를 찾았던 세계적인 거장들의 이야기도 풍성하게 담았습니다. 키티 크라우더, 시드니 스미스, 아드리앵 파를랑주, 카슨 엘리스, 조던 스콧 등 여러 작가의 인터뷰에서는 오늘날 어린이책이 공유하는 미학과 윤리를 한눈에 조망할 수 있습니다. 아울러 어린이와 어린이책 현장의 생생하고 다정한 목소리들 또한 이번 호에서 놓칠 수 없는 소중한 기록입니다.

불안한 시대를 함께 살아가는 어린이와 양육자들에게 『오늘의 어린이책』 5호가 정직한 위로이자 세상을 새롭게 느끼는 창이 되기를 바랍니다. 이 작은 책 한 권이 지구에 대한 미안함에 머물기보다 '우리는 함께

해결할 수 있다'라는 확신을 주고, 돌봄과 연대의 마음을 잇는 안전하고
용기 있는 지도가 되기를 진심으로 바랍니다.

차례

숲과 그림책, 그리고 어린이
-구미 금오유치원 온숲날에 만난 그림책들

이숙현[*]

『오늘의 어린이책』 덕분에 금오유치원 선생님들과 함께 이제껏 만나 온 숲 그림책 이름을 모아 보았다. 때마다 절로 만나게 되는 익숙한 이름들은 새삼 정겹고, 새로 마주한 이름들은 처음 만난 즐거움이 떠올라 반갑다. 어떤 그림책 이름을 먼저 불러 볼까.

그래, 『내가 태어난 숲』이 좋겠다. 금오유치원에는 매주 숲에서 점심 먹고 온종일 놀다 오는 '온숲날'이 있다. 유치원에 입학한 지 한 달 남짓, 태어나 처음으로 온숲날을 마주하는 아이들에게 그림책은 숲과 자연스럽게 마음 나누는 시간을 안겨 준다. 금오산 소나무 숲에서 이 그림책을 만난 다섯 살 아이들이 새록새록 떠오른다. "소나무 숲아, 안녕!" 앞표지 속 아이처럼 숲과 인사 나누어 보고, 그림책 속 이야기에 귀 기울이며 생명이 태어난 숲을 느껴 보던 아이들. 지금은 훌쩍 자라 있다. 더듬거리며 말하던 '숲에서 지켜야 할 약속'도 '산책 구호'도 술술 외칠 수 있을 만큼.

[*]   동화 작가, 구미 금오유치원 전 원장.

숲에서 지켜야 할 약속

첫 번째, 선생님이 보이는 곳에서 놀아요.

두 번째, 갈림길에서는 멈춰서 기다려요.

세 번째, 다쳤을 때는 선생님께 알려요.

네 번째, 놀고 난 자연물을 제자리에 두어요.

다섯 번째, 소중한 생명을 존중해요.

산책 구호

시작할 때는 "너 안 다치고, 나 안 다치고, 서로 사랑하며, 신명 나게 놀자!"

마칠 때는 "너 안 다쳤고, 나 안 다쳤고, 서로 사랑하며, 신명 나게 놀았다!"

(물론 누군가 다쳤다면 구호는 조금 달라진다. 그 이야기를 나누고 다음번엔 어떻게 하면 좋을지 생각하는 시간을 가진다. 산책 구호와 숲에서 지켜야 할 약속은 서로 연결되어 있다.)

숲 생명과 더불어 하루하루 자라난 아이들 곁에는 늘 그림책이 있었다. 때와 장소 등에 맞추어 고심해 그림책을 골라 읽어 주는 선생님도 있었다. 경칩 날엔 개구리 찾아 숲으로 나들이하며 개구리 그림책을, 삼짇날 화전 빚기 준비로 진달래 따러 간 숲에서는 『달래네 꽃놀이』를 만났다. 제철 행복 제철 놀이 즐기는 소중한 '오늘'이 그림책 이야기와 엮여 오래도록 기억되길 바라며 절기 그림책을 골랐다. 아이들이 '지금'을 오롯이 느끼고, 계절의 아름다움을 풍성하게 마음에 들이길 바라면서 철마다 우리가 머무른 순간과 잘 어우러지는 그림책을 챙겨 숲으로 갔다.

봄꽃 팡팡 터지는 봄날에 만난『벚꽃 팝콘』

숲 곳곳의 초록을 다시 만나게 한
『세상의 많고 많은 초록들』

직접 만든 단오 부채 들고 나가『빨간 부채 파란
부채』만난 다음 즐긴 신나는 부채 놀이!

『초록초록』만나고 내가 찾은 초록 그려 보기

무더위 피해 만난『여름,』

가을 그림책 만나고
아름다운 낙엽 주워 가을빛 놀이

가슴 졸이며, 간절한 바람으로 함께 읽은 그림책도 있다. 갑작스러운 산불 소식에 놀랐던 2025년 3월이었다. "안동 할머니 동네에도 불이 났대요.", "아직도 불이 다 안 꺼졌대요. 불 언제 꺼져요?" 아이들 입에서도 산불 이야기가 며칠씩 이어졌다. 바람 타고 순식간에 불길이 번진 곳은 유치원이 있는 구미에서 그리 멀지 않은 경북 지역이었다. 불길은 쉽게 잡히지 않아 여러 사람 애를 태웠다. 우리는 『숲속의 어느 날』, 『호랑이 바람』, 『산불이 일어난 뒤에』 그림책으로 걱정과 불안을 나누고, 어서 불길이 사그라들기를 두 손 모아 바라고 바랐다. 아이들은 궁금해했다. 왜 산불이 나는지, 누가 산불을 끄는지, 산불이 꺼진 다음에는 어떻게 되는지…. 산불을 둘러싼 여러 가지 이야기를 나누면서 우리는 자연스럽게 '생명 살림', '지구 살림' 마음에 가닿았다.

식목일을 맞아 『나무는 좋다』, 『나무하고 친구하기』 그림책을 만난 아이들은 나무를 꼭 껴안고 속삭였다. "나무야, 고마워!", "나무야, 사랑해!" 유치원 마당 느티나무 아래에서 『봄이다!』, 『신기한 씨앗 가게』 그림책 이야기에 귀 기울인 아이들은 "씨씨씨! 앗앗앗! 신통방통 씨앗, 씨앗!" 주문을 큰 소리로 따라 외우며 씨앗을 심었다. 손가락으로 톡, 흙에 구멍을 내고 아주 작은 씨앗을 구멍에 쏙 넣고는 흙 이불 덮어 주며 종알거렸다. "씨앗이 쑥쑥, 잘 자라면 좋겠다!"

아이들과 지구를 지키는 마음을 살필 때마다 함께하는 그림책 이름을 불러 본다. 어스 아워(Earth Hour)*를 앞두고 매해 만나고 있는 『지구를 위한 한 시간』, 언제 만나도 '초록 지구 만들어야지!' 다짐하게 하는 『빨간 지구 만들기 초록 지구 만들기』, 일상에서 실천할 수 있는 '환경 보호 생활 습관 10가지'가 구체적으로, 그것도 재미난 플랩북 형식으로 담겨 있는『고사리손 환경책』, 간결하지만 강렬한 원색으로 시선을 사로잡는『내가 지구를 사랑하는 방법』, 그리고 바다 쓰레기 문제를 찰진 사투리로 유쾌하게 풀어낸『할머니의 용궁 여행』까지, 특별한 날마다 또 필요한 순간마다 뜻깊게 만난 고마운 이름들.

국립칠곡숲체원 계곡에서 도롱뇽과 가재를 만나고『안녕! 만나서 반가워』그림책을 떠올린 일곱 살 아이들 이야기도 기억에 남는다. 도롱뇽과 가재는 깨끗한 물과 조용한 숲이 있어야 살아갈 수 있는 생명이라고 했더니, "그래서 여기 있어요?"라고 되물었단다. 숲이 건강해야 계곡의 물이 깨끗해지고, 계곡이 깨끗해야 이 작은 생명들이 살아갈 수 있다는 이야기에 눈빛 반짝, 고

* 세계자연기금(WWF)에서 2007년에 시작한 캠페인으로, 매년 3월 마지막주 토요일 밤 8시 30분부터 1시간 동안 불필요한 조명을 끄면서 기후 위기의 심각성을 인식하고자 벌이는 전 지구적 행사.

개 끄덕이며 무지 집중했다는 아이들. "숲이 없어지면 도롱뇽도 못 살아요.", "우리가 숲을 아껴야 해요." 아이들은 알고 있었다. 숲과 생명이 서로 이어져 있다는 사실을. 뒤이어 이면지를 사용하여 그림 그리기, 재활용 쓰레기 잘 분류하기, 잔반 남기지 않기 등 생각한 것을 실천하는 아이들의 모습은 정말 멋졌다. 아이들은 마음먹은 것이 있으면 다음으로 미루지 않고 당장 하려고 한다. 『내가 지구를 사랑하는 방법』에 나오는 주인공처럼 사랑하니까 행동한다. 아이들 곁에서 배우는 지점이다.

아이들 마음에 살아 있는 그림책을 느낄 때가 있다. 개미를 밟으려는 다섯 살 동생에게 일곱 살 어린이가 "죽이지 마, 생명이야!"라고 소리칠 때, 흙바닥에서 꼬물거리는 애벌레를 발견한 어린이가 친구들을 불러 모아 적당한 나뭇잎을 찾고 그 위에 태운 다음 가까운 나무로 옮겨 줄 때, 삼삼오오 모여 놀이하는 소리 안에 우리가 만난 그림책 속 이야기가 섞여 있을 때, 뭔가 열심히 만들거나 그리고 있어 가만히 들여다보면 그림책 안에서 봤던 장면과 똑같을 때. 그럴 때마다 숲에서 사랑으로 펼치는 한 권의 그림책이 지닌 힘을 헤아린다. 그리고 궁금해진다. 숲 그림책과 함께한 어린이의 시간이 흘러가 어디에 닿을지.

아무튼 우리는 앞으로도 계속해서 밖으로, 숲으로 나가 아이들과 함께 그림책을 만날 예정이다. 새로운 그림책과 엮일 미지의 시간, 또 다른 이야기들을 고대하면서!

이 글에서 소개한 책

『내가 태어난 숲』(이정덕 바느질, 우지현 글·그림, 청어람주니어, 2017)

『달래네 꽃놀이』(김세실 글, 윤정주 그림, 책읽는곰, 2015)

『벚꽃 팝콘』(백유연 글·그림, 웅진주니어, 2020)

『세상의 많고 많은 초록들』(로라 바카로 시거 글·그림, 김은영 옮김, 다산기획, 2014)

『빨간 부채 파란 부채』(이상교 글, 심은숙 그림, 시공주니어, 2006)

『초록초록』(이순옥 글·그림, 사계절, 2020)

『여름,』(이소영 글·그림, 글로연, 2020)

『숲속의 어느 날』(권오준 글, 최하진 그림, 해와나무, 2020)

『호랑이 바람』(김지연 글·그림, 다림, 2020)

『산불이 일어난 뒤에』(대니 포포비치 글·그림, 김배경 옮김, 책속물고기, 2021)

『나무는 좋다』(재니스 메이 우드리 글, 마르크 시몽 그림, 강무홍 옮김, 시공주니어, 1997)

『나무하고 친구하기』(퍼트리셔 로버 글, 홀리 켈러 그림, 장석봉 옮김, 비룡소, 1999)

『봄이다!』(줄리 폴리아노 글, 에린 E. 스테드 그림, 이예원 옮김, 별천지, 2012)

『신기한 씨앗 가게』(미야니시 다쓰야 글·그림, 김수희 옮김, 미래아이, 2016)

『지구를 위한 한 시간』(박주연 글, 조미자 그림, 한솔수북, 2011)

『빨간 지구 만들기 초록 지구 만들기』(한성민 글·그림, 파란자전거, 2011)

『고사리손 환경책』(멜라니 월시 글·그림, 웅진주니어, 2009)

『내가 지구를 사랑하는 방법』(토드 파 글·그림, 장미정 옮김, 고래이야기, 2010)

『할머니의 용궁 여행』(권민조 글·그림, 천개의바람, 2020)

『안녕! 만나서 반가워』(한성민 글·그림, 파란자전거, 2015)

생태 서점 호수책장의 어린이들

김자호[*]

플라스틱 뚜껑을 가져오면 쿠폰을 받을 수 있는 우리 책방에는 알록달록 예쁜 뚜껑들이 모여 있다. 500원부터 3,000원까지 금액이 적힌 꽝 없는 쿠폰으로 책을 구입할 수 있지만, 열심히 플라스틱 뚜껑을 모아 오는 현우는 한 번도 쿠폰을 뽑은 적이 없다. 뚜껑을 튕기는 놀이에 더 관심이 많기 때문이다. 현우는 택배 박스를 펼쳐서 놀이판을 만들고는 축구 게임 하듯 뚜껑을 번갈아 튕기고 계란판을 글러브 삼아 뚜껑을 받아내며 놀기를 좋아한다.

『4번 달걀의 비밀』(하이진 글·그림, 북극곰, 2023)을 읽은 뒤에는 마트며 생협을 다니면서 난각 번호 1번 달걀을 찾았지만 매번 실패하다가, 얼마 전에 시장 입구에 생긴 무인 달걀 매장에서 1번 달걀 냉장고를 발견하고 가장 먼저 현우에게 그 소식을 알렸다.

"그거 알아요? 계란은 한자고요. 달걀 다갸알 다긔알 닭의 알! 옛날에도 말을 줄였나 봐요."

그 후에 비닐에 담아 오던 뚜껑은 계란판에 색깔별로 나뉘어 배달되었고 그때마다 쿠폰을 새로 만들어야 했다.

* 생태책방 '호수책장' 대표.

책방 문을 연 지 5년이 넘었는데 "카페인가요?" 하며 문을 여는 분들이 아직도 가끔 있다. 바깥에서 말리고 있는 커피 찌꺼기 때문인지 모르겠다. 여름과 겨울을 제외하고는 책방 앞에서 동네 카페에서 보내 주신 커피 찌꺼기를 말리고 있다. 카페에서도 일반 쓰레기로 배출할 수밖에 없는 축축한 커피 가루를 위아래로 뒤섞어 가며 볕에 말려 둔다. 수분이 날아가서 좀 가벼워지면 커피박을 재활용하는 곳으로 보낸다. 보송하게 마른 이 커피 가루는 화분이나 연필 재료로 새로 태어날 수 있다.

책방 앞에 모여 있는 이 검은 가루를 궁금해하는 친구들을 위해 '커피 공작소'를 시작했다. 집에서 생긴 커피 찌꺼기를 책방으로 가져와서 밀가루와 섞어서 클레이를 만들어 놓고, 물을 섞어 색을 뽑아낸 물감으로 그림을 그리고, 흙과 섞어서 거름이 될 수 있게 하고, 커피로 만든 화분에 토마토를 심어 이름을 지어 주는 등 커피와 커피 찌꺼기의 다양한 쓰임을 경험하는 시간을 가졌다.

커피 공작소 친구들이 모아 준 커피 가루는 한 편의 애니메이션으로도 만들어졌다. '환경과생명문화재단 이다'의 지원으로 동물권에 대한 애니메이션을 만들 기회가 있었다. 동물권을 주제로 한 책을 큐레이션하고 함께 읽으면서 어린이들과 다양한 이야기를 나누었다. 길고양이부터 북극곰, 우주인이 바라본 지구권에 대한 상상까지 재미있는 스토리보드가 많이 나왔지만, 현실적으로 우리가 쓸 수 있는 기술(?)에 한계가 있어 초콜릿과 젤리, 과자 등으로 스톱모션과 샌드아트 기법 애니메이션을 만들기로 했다. 그런데 모래를 어떻게 구할지 고민하다가 책방에 많고도 많은 커피 가루를 활용하기로 했다. '커피 가루 애니메이션'이라는 새로운 장르가 이렇게 탄생했다.

애니메이션 「열 걸음」은 산책을 한 번도 해 보지 못한 채 목줄에 묶여 열 걸음까지만 오고 갈 수 있는 강아지 사랑이와, 사랑이를 산책시켜 주고 싶지만 자신도 자유롭지만은 않은 아이가 현실에서 벗어나 조금씩 나아가는 발걸음을 그렸다. 촬영과 그림, 편집과 목소리 연기, 주제가 작곡까지 모든 작업을 멋지게 완성해 준 여섯 감독님은 이듬해에 열린 제6회 '서울동물영화제'에서 관객상을 받게 되었다.

최연소 감독님들은 상영 이후 감독과의 대화에도 초대되어 제작 과정과 앞으로 계획하고 있는 작품까지 이야기했는데, 그중 한 친구는 또 다른 단편 영화를 발표하기도 하고 수행 평가 과제를 영상으로 제출해서 좋은 점수를 받았다는 소식도 들린다. 작은 책방에서 배운 생태 감수성이 자라나 새로운 가능성으로 이어진 것이다. 생태 시민으로서 생각을 표현하고 행동하는 초록 마음들이 쌓이고 있다.

생명 다양성과 연대에 대한 관심이 많아서 생태 서점을 운영하고 있다. 되살림, 새 쓰임을 고민하고 작은 실천이라도 지속할 수 있는 방법을 이곳에서 더 널리 더 많이 나누고 싶다. 책방 창가에 자리한 나무 상자 텃밭에는 직접 심은 오이와 딸기도 자라고 어디선가 날아온 들풀도 같이 자란다. 왜 잡초를 뽑지 않느냐 잔소리하는 이웃도 있지만, 모두 이곳에 도착했으니 잘 자랄 수 있도록 돌보는 것이 책방의 일이라는 생각이 크다.

왕겨 작가의 『넘헌테는 잡초여도 내헌테는 꽃인게』(섬집아이, 2023)라는 그림책 제목처럼 책방에 날아온 모든 존재는 꽃이다. 플라스틱 뚜껑을 잔뜩 가져와서 쿠폰을 쓸어 가는 현우도, 무거운 커피 가루를 수고롭게 가져다주시는 이웃 카페도, 말려 놓은 커피 가루를 냉장고 탈취제로 쓴다며 가져가시는 옆 상가 사장님도, 잘 자란 오이를 간밤에 따 가 버린 그 누군가도 어디선가 마주하게 될 초록 마음을 싹 틔우고 있을 것이라 믿는다.

2023년 제6회 서울동물영화제에서 관객상을 받은 커피 가루
애니메이션 「열 걸음」과 여섯 명의 어린이 감독들.

지구의 위기를 마주하는 그림책 작가의 눈

– 「깃털과 이끼」 전시에서 만난 김영화 작가*와 한윤아 기획자**의 대담

신수진 정리***

2025년 11월, 경기도서관 아트북 라운지에서 만난
김영화 작가, 한윤아 기획자, 신수진 편집자

한윤아(이하 '한') 『오늘의 어린이책』 5권의 주제가 '기후 위기와 생태'
라고 들었습니다. 경기도서관 개관 기념 전시 「깃털과 이끼」도 같은 문
제의식에서 시작되었어요. 2025년 가을 문을 연 경기도서관은 '기후·환
경'을 주제로 한 도서관인데, 개관 준비 열쇠 말이 '기후·환경·생태'였습

---

*   조형설치 작가, 그림책 작가.

** 시각 예술 비평가, 타이그레스온페이퍼 대표.

*** 어린이책 편집자, 『오늘의 어린이책』 편집위원.

니다. '기후'라는 말을 마주한 저에게는 '기후 위기'가 가장 먼저 떠올랐는데, 공공 기관에서는 '기후'라는 말이 해석되는 범위가 제 생각과 조금 달랐습니다. 한 주제어를 놓고 인식의 격차를 확인하는 과정이 전시 기획의 일부였던 것 같아요. 저는 전시를 함께 만드는 사람들은 적어도 문제의식을 공유해야 한다고 생각했습니다. 그래서 도슨트 교육 과정에서 지금 우리 앞에 놓인 자연의 위기 상황에 대해 먼저 전달해야겠다고 마음먹었어요. 기후 문제의 시작은 무엇이고 결국 우리가 다루어야 될 끝은 무엇일까를 나누고 싶었습니다.

김영화 작가님에게는 기후 위기라고 하면 가장 먼저 떠오르는 이미지가 무엇일까요?

구상나무의 무덤

김영화(이하 '김') 저는 제주도에 살다 보니까 제일 먼저 떠오르는 게 구상나무예요. 구상나무가 지금 거의 고사해서 한라산 맨 위쪽에만 남아 있거든요. 구상나무가 고사하면 하얗게 변해서, 마치 뼈만 남은 동물의 사체처럼 보여요. 이게 우리의 시체일 수도 있다는 생각도 들고.

제주도는 아열대 기후로 거의 넘어가는 중인데, 한라산 꼭대기 쪽까지 온도가 상승하니까 구상나무 서식지가 파괴되면서 고산 지대까지도 안전하지 못한 거예요. 이렇게 기후대가 변하면 구상나무는 한라산에서 멸종할 수도 있어요. 나무뿐만 아니라 인간에게도 같은 위기가 오겠죠.

고사한 구상나무 사진을 보면 가슴이 미어져요. 죽은 나무들, 하얗게

고사한 구상나무

드러난 뼈…. 다른 식물들이 그 자리에 들어와서 살아가겠지만, 그렇게 되면 저에게 한라산은 구상나무의 무덤으로 기억될 거예요.

한 저는 최근 뉴스를 통해서 산불 이미지가 강렬하게 다가왔어요. 산이 불타는 이미지가 예술가에게도 너무 강력하게 다가오는 종말의 느낌이다 보니 요즘 그 소재와 주제의 작업이 굉장히 많더라고요. 그런데 한여름 냉방기를 돌려 시원한 갤러리에서 거대한 모니터 너머로 그걸 소비하고 있는 나 자신이 대체 이 위기 앞에서 뭘 하고 있는 걸까 싶기도 했어요.

작가님은 구상나무 외에 최근 기후 위기를 깊이 체감했던 사건이나 현상 같은 건 없으셨나요?

김 제가 산을 좋아하지만 살기는 바닷가에 살아요. 아들이 매일 바닷가 산책로를 한 시간씩 뛰고 오거든요. 그런데 어느 날은 "엄마, 저쪽 백사장에 괭생이모자반이 썩어 가지고 냄새가 너무 심한데 괜찮을지 모르겠어." 걱정을 하더라고요.

괭생이모자반은 중국에서부터 떠밀려 온다고 알려진 해초인데, 이제는 제주도 바닷가를 온통 뒤덮을 정도예요. 수온이 높아지니까 이상 번식을 하는 거예요. 거기에 온갖 플라스틱 쓰레기, 어구 같은 것들과 함께 뒤엉켜 거대한 쓰레기가 되어서 바닷가에 널려 있어요. 그걸 포클레인을 동원해서 걷어 낸 다음에 쓰레기장에 매립도 하고 건조해서 거름이나 사료로도 쓴다는데, 제가 보기엔 그 정도로는 감당할 수 없는 규모거든요. 자연이 스스로 감당할 수 있는 한도나 순환의 한계를 넘어섰구나 싶어요.

바닷속 생태계도 백화 현상으로 죽어 가는 상황이에요. 수온이 올라가기 때문인데, 해초가 바위에 못 붙어요. 그러면 전복도 소라도 먹을 게 없으니까 자연에서 자기 힘만으로 살지 못할 수도 있어요. 제주에서 활동하는 사진작가 박정근 씨 작업 중에 '해녀보다 빨리 늙는 바다' 시리즈가 있어요. 해녀가 없어진다고 걱정하지만, 사실 해녀가 있어도 바다에서 채취할 자원이 없는 거예요. 바다가 더 빠르게 변하니까요.

기후 위기라는 말은 단순히 어떤 현상을 가리키는 게 아니라 서로 연관 있는 것들이 다 위기를 맞고 있다는 말이잖아요. 그래서 더욱 초조한 마음이 드는 것 같아요.

한 기후 위기의 끝에는 생태 위기가 있고 멸종되는 지구상의 종 가운데는 인간도 있겠죠. 그런데 생태 위기라는 말이 도시인에게는 직접적으로 다가오지 않는 이유가 뭘까요? 인간이 활용할 수 있는 자원이 사라지는 것에 위기의 초점을 맞추고 있지 않나 하는 생각이 들더라고요. 생태나 기후와 관련된 이야기를 잘 다룬 그림책 중에 최근 인상적으로 본 작품을 이야기해 주실 수 있을까요?

김 루크 아담 호커의 『마지막 나무』라는 책이에요. 제가 좋아하는 스타일의 펜화 작품인데요, 한 아이가 지구상의 마지막 나무를 박물관에서 만나는 이야기예요. 나무가 없는 세상에서, 죽은 상태의 나무 속으로 들어가서 과거에 푸르렀던 날의 이야기를 들어요.

한 작가님 표현대로 하면 뼈만 남았고 잎은 없는 고목을 박물관에서 어린이가 만나서 과거와 대화하는 내용이군요. 너무 슬프다…. 그런데 나무가 없는 세상인데 산소는 어떻게 공급되며 박물관은 어떻게 작동할까요? 책 안에서 사람들은 아무런 기계 장치 없이 지금처럼 살고요?

김 네, 나무가 없다는 것을 빼면 나머지 환경은 지금이랑 다 똑같아요. 일단 나무가 사라졌다는 사실에만 집중하게 한 것 같아요.

한 독자들이 상상력을 발휘해서 나무가 없어지기까지의 생태적 상황이나 기후 위기 같은 걸 추리해 봐야 할 것 같네요. 김영화 작가님의 경우에는 이미 현실 안에 위기 감각이 형성돼 있기 때문에 언급하신 책을 위기나 파국으로 읽으셨겠죠. 그런데 기후 문제를 예민하게 느끼지 않는 사람들도 많잖아요. 서서히 끓는 물에 개구리를 넣는다는 비유처럼요. 와, 올여름은 너무 더운데? 사과가 예전 그 맛이 아닌데? 이런 감각까지는 가는데, 그다음에 또 뭐가 어떻게 되는 건지에 대해서는 바로 상상할 수 없는 이 상황이 늘 안타깝습니다.

저에게는 팬데믹과 산불이 이러다가는 모든 존재가 소멸되겠다는 현실의 사건으로 다가와요. 공동체적으로 노력하면 잘 회복될 거다, 하는 낙관적인 이야기 말고 기후 위기에 대해 어떤 이야기가 더 있어야 할까라는 고민이 최근 깊어집니다. 김영화 작가님 작품처럼, 설명적이지 않아도 강한 정동을 유발하는 작품을 아직 못 찾고 있는 상태입니다.

신수진(이하 '신') 이번 전시에 함께한 숀 탠이 새로운 세계, 파국 이후를 상상하는 능력이 가장 탁월한 작가인 것 같아요. 『이너 시티 이야기』에서도 인간이 지금과는 다르게 살아야 한다는 이야기를 서늘하고 섬뜩한 방식으로 이야기해 주고 있죠. 숀 탠이 그림책 작업을 더 이상 하지 않는 것이 장르적 한계 때문인지 아니면 또 다른 방식의 이야기가 필요하다고 생각하는 건지 궁금하고, 그림책 독자로서 안타깝네요.

야생의 눈으로 생태를 보기

한 화가들에게는 어떤 '감'이 있는 것 같아요. 지금 이 상황이 그냥 내가 미세하게 느끼는 수온의 변화가 아니라 위기의 신호라는 것을 감지하는 거죠. 숀 탠은 팬데믹을 전후해서 주로 회화 작업으로 옮겨 갔습니다. 그건 혹시, 숀 탠이 느끼는 것이 언어로 구성되지 못하는 직관적 차원에 있어서 아직 '이야기'가 도래하지 않아서인가 짐작해 봅니다. 제가 본 것 중에 19세기 산업화 초기 노동하는 말(horse)을 그린 작품이 매우 인상적이었는데요, 그건 도시에 어려 있는 동물의 유령이기도 합니다. 도시를 건설할 때 동원된 노동자, 식민지인, 그리고 비슷한 처지의 다른 동물들까지도요. 숀 탠의 탁월한 점은 그 모든 존재의 역사적 위치나 현실의 지위를 쉽게 가르지 않고, '연결하여 보고자 하는 눈'이 있다는 점인 것 같습니다. 그리고, 위기에서 구원을 기다리고 구원이 일어나는 서사 말고 다른 이야기가 좀 나오면 좋겠어요.

신 위기의 원인을 지적하는 이야기가 굉장히 불편한 이야기이기 쉬울 것 같아요. 자연을, 생태 위기를 날것 그대로 묘사할 때 인간들이 받게 되는 죄책감 혹은 두려움이 있어요. 어린이책은 나름 급진적인 얘기를 하지만 또 수용하기 힘들 만큼 멀리 나가지는 않거든요. 어른들의 책임감과 윤리 의식을 건드리지 않는 선에서 안전한 선택을 하도록. 저는 앞으로 가난하게 살아야 되고 불편하게 살아야 된다는 얘기를 반드시 해야 한다고 생각하거든요. 사람들은 그런 이야기를 하는 것도 듣는 것도 두려워하는 것 같아요. 변화와 파국 앞에서 구원을 기다리는 방법이 있고 다르게 사는 방법이 있을 텐데, 다르게 사는 방법을 한마디로 이야기하라면 저는 가난해지는 삶이라고 하겠어요. 안 쓰고 덜 소비하고 불편하게 사는 거요. 그런데 그런 이야기는 상품으로서의 매력이 없어서… 안 팔리겠죠.

한 불편한 감정을 일으키는 소재 중 하나가 저는 '야생'이라고 생각해요. 이번 전시 주제 중에 '재야생화'''라는 키워드가 있습니다. '지구 절반 재야생화' 담론과 여기 반응하는 움직임에 관심을 갖고 있어요. 야생이 무엇인가를 생각할 때 그건 내가 먹기보다 먹히고 마는 세계거든요. '자연'이라는 말에 고착된 편안한 이미지를 떼어 내기 위해 '야생'이라는 단어를 선택했어요. 야생이란, 자연 스스로 회복하는 힘이 내가 가진 힘을 압도하거나, 혹은 저기에 있는 삶과 죽음이 나의 어떤 요소여서 나도 언제나 죽음 앞에 서 있고… 이런 것을 다시 감각하게 하는 상태입니다.

야생을 감지해야 할 필요, 또는 우리 앞에 놓여야 할 필요가 있다고 말해 주는 작가들로 신간 『알리트』를 펴낸 프랑스 작가 제레미 모로, 그리고 우리나라 작가 중에는 『조용한 세계』의 이미나, 『잘 가, 안녕』의 김동수, 『사라진 저녁』의 권정민 등을 꼽을 수 있을 것 같아요. 특히 이미나 작가의 『조용한 세계』는 1995년 미국 옐로스톤 공원의 '재야생화 프로젝트'를 연상시켜요. 늑대라는 포식자를 옐로스톤에다 풀어놓자, 연쇄적으로 식생이 살아났습니다. 인간적 관점에서의 회복일지 모르겠지만 거기에서 인간이 한 건 늑대라는 야생의 순환의 한 요소를 '인식'한 것밖에 없거든요.

김영화 작가님도 까마귀가 영리하고 얄밉기도 한 존재라는 걸 작품 속에서 슬쩍 얘기하시더라고요. 작가님이 경험한 야생 이야기를 듣고 싶네요.

---

* 야생이 제대로 돌아와야 자연도 회복된다는 환경 보호 및 기후 위기 대응 패러다임. 미국 옐로스톤 공원의 늑대와 말코손바닥사슴, 싱가포르의 수달, 아르헨티나 이베라 습지 같은 사례가 있다.

28

김 까마귀는 저희 집 주변에도 많고 제가 가는 숲, 특히나 작품 배경인 '북받친밭**'에 가면 더 많아요. 제주도 숲은 어느 곳에 가든 까마귀가 있는데, 늘 "우리 집에 왜 왔어?" 하고 묻듯이 시끄럽게 굴어요. 다른 새들은 도망가는데 까마귀는 항상 따라다니더라고요. 아장아장 걸어서도 오고, 제가 가려는 곳에 먼저 가 있기도 하고. 그래서 숲에 자주 다니다 보면 까마귀에게 친구 같은 감정을 느껴요. 제주도에 오래 있으면서 제주 신화 공부를 하다 보니까 까마귀에 대한 적대감이 더 없어지는 것 같기도 하고요.

한 까마귀가 작가님을 알아본다면서요?

김 네, 북받친밭 입구에서 만나곤 하는데, 목적지로 가 보면 먼저 가서 기다리는 아이가 있어요. 마치 알아보고 있었던 것처럼요. 저이가 밥상에 뭔가를 놓고 나한테 한입 주리라는 걸 아는 거 같더라고요. 신기한 게, 다른 남성분들이랑 같이 갔을 때는 따라왔거든요. 낯선 사람의 존재를 인지한 거죠. 멀리서만 까악까악거리고 다가오진 않았어요. 그래도 한입 먹으라고 고수레를 해 놓고 자리를 떴는데, 곧이어서 날아오는 소리가 들리더라고요.

까마귀는 무덤가에서 자주 보이는데, 사람들이 성묘를 가면 과일 같은 걸 놓고 가잖아요. 성묘 오는 사람들이 있다 하면 까마귀는 무조건 와

요. 저걸 남겨 놓고 갈 것이다, 하고 아는 거예요. 제주 신화 차원에서 얘기하면 까마귀는 이승과 저승을 왔다 갔다 하면서 신이 시킨 심부름을 인간한테 전하는 존재기도 해요.

한 경기도서관 전시에 와 있는 작품들도 야생의 요소를 주목하거나, 기존에 재현되지 않았던 방식의 이미지나 이야기가 있어요. 작가님은 그런 차원에서 가장 좋은 작품이나 장면이 있다면 뭘 꼽으시겠어요?

김 아, 어렵다…. 그래도 하나 꼽으라면 저는 김동수 작가님 『잘 가, 안녕』 중에서, 시신 꿰매 주는 장면….

한 그 할머니가 신화적인 할머니잖아요. 여성 신화는 제주에 가장 많이 남아 있는데, 그런 서사에 익숙하기 때문에 더 감동적으로 받아들이신 게 아닐까요?

김 사실 제주에는 치유해 주는 할머니가 있어요. 심방*은 아니고요, 『잘 가, 안녕』에 나오는 할머니처럼 그냥 동네 어른인데, '넋들여 주는' 일을 해요. 놀라거나 사고를 당해서 넋이 나간 사람들에게 넋이 돌아오라고 정수리를 콕콕 쓰다듬어 주는 거죠. 체하면 배를 쓰다듬어 주면서 체기를 내려 주기도 해요. 뭐랄까, 삼신할망의 어시스턴트 같은 역할? 우리 어머니도 그런 역할을 했어요. 아이들이 체해서 얼굴이 하얗게 질

---

* 제주의 직업 무당.

리면 우리 집에 다 업혀 와요. 그럼 어머니가 툭툭 쓸어 주고 등 두드려 주고 손 비벼 주고 하면 체기가 쑥 내려갔거든요. 육지에서는 체하면 손가락 끝을 따 준다고 하는데, 그건 제주도에서는 잘 안 해요. 지금도 제주 도심에 보면 그냥 평범한 가정집인데 넋드림(넋들임), 체내림 이런 간판 써 놓은 집들이 있거든요. 그런 넋들여 주는 할망, 위기에서 일상을 보살펴 주는 할머니가 그 그림에 있다고 생각했어요. 신적인 존재는 아니지만 충분히 신의 대리인 역할을 하는 사람. 맞아, 저런 할머니가 우리한테도 있지, 하고 바로 와닿았던 것 같아요.

한 저는 숀 탠의 『이너 시티 이야기』에서 개구리들의 의회 장면, 그다음으로는 변호사의 손을 잡고 가는 곰 장면을 꼽고 싶어요. 동물을 위한 법적 언어나 '사회적' 재현이 필요하다는 메시지를 강렬하게 전하죠. 개구리들이 사람이 다 사라진 도시를 점령해서 무엇을 위해 회의를 하고 있었을까, 오래도록 생각하게 돼요.

그리고 카슨 엘리스의 『사랑 사랑 사랑』과 『와일드우드』 등에 나오는 퍼레이드 장면도요. 여러 사람과 동물들이 모여 행진하는데, 구성원이 아주 다채로워요. 작가의 삶 안에는 『홀라홀라 추추추』의 곤충들이 정말 들어와 있구나, 자기 삶의 구성원으로서 인정했기 때문에 그 언어를 알아들을 수 있었구나 느꼈어요. 야생을 대하는 태도에 있어서 앞으로 제가 찾고자 하는 이미지가 그런 것이라고 생각하고 있습니다.

애나 칭의 『세계 끝의 버섯』에 나오는 벌목된 숲이 바로 카슨 엘리스가 사는 동네기도 해요. 애나 칭이 그곳으로 현장 연구를 하러 갔는데, 나무들 사이에 송이버섯이 올라와 있는 것을 발견합니다. 자본주의의 파괴에 가속도가 붙는 상황에서 가장 밑에 잠재돼 있던 씨앗이 올라온다는 상징성 강한 장면이죠. 산이 불타고 나면 오랫동안 잠재되어 있던 무언가가, 퇴적물들이 잔뜩 쌓여서 오랫동안 싹틔우지 못했던 게 비로소 올라올 수 있는 환경이 되기도 한다는 거죠.

김 그런 걸 개척 식물이라고 하거든요. 절개지˚나 산불 이후에 맨 처음 돋아나는 씨앗들은 원래 있던 자리에서는 큰 나무들 때문에 발아를 못해요. 개척 식물들이 올라가면서 숲이 자라고 그늘이 생기면 다른 종들이 오죠.

한 그런 종들과 함께하는 삶을 일컬어서 '채집자'라고 하는데, 공장에서 생산하는 것을 팔고 소비하는 삶이 아닌 거죠. 채집자의 삶이라는 건 정말로 절망적인 상황에서 가능한 하나의 삶으로 상상할 수 있다고 생각해요. 가난하게 사는 삶이라고도 할 수 있고, 이렇게도 살 수 있다는 표본이 되는 삶의 모습을 제시했다고 생각해요.

김영화 작가님의 『봄이 들면』이 어쩌면 딱 그런 이야기인 것 같아요. 고사리를 발견하는 과정을 그린 것도 좋았는데, 동시에 현실을 그려 내고 있어서 좋았어요. 마지막 장면이, 저 멀리서 우리를 압도하거나 위협하지는 않지만 앞으로 도래할 어마어마한 파괴의 가능성을 표현하잖아요. 사실 그 작품 때문에 김영화 작가님을 전시에 초대해야지 생각하고 있는데 『북받친밭 이야기』의 원작 회화를 보고 눈이 확 뜨인 거죠. 사실

---

* 도로를 내거나 건물을 짓기 위해 산을 깎아 놓은 비탈진 곳.

제가 그 작품을 전시해야겠다고 생각을 한 건… 서울 인사동 제주갤러리에서 작품을 처음 만났을 때, 거기서 유령을 봤거든요.

김 예? 어디서요?

한 음, 유령이 느껴졌다고 해야 더 정확한 표현이겠네요. 하하.

「깃털과 이끼」 전시장에 걸린 『북받친밭 이야기』 원화

김 아… 무슨 말인지 알겠어요. 작업실에서 그림 그리고 있을 때 "저 숲 사이에서 사람들이 보인다."라는 말을 듣기도 했거든요. 저 숲에 지켜서서 우리를 보고 있는 어떤 사람들 말이에요. 영혼 같은 존재.

한 경기도서관 전시에서도 왠지 그런 느낌이 든다는 관객들이 있어요. '북받친밭'이라는 숲을 재현하면서 나무와 식물들, 길의 모양 같은 외양을 재현한 게 아니라 그곳의 공기, 소리, 심지어 어쩌면 여전히 떠돌고 있을 영혼들까지 다 데려와서 지금 우리 앞에 놓은 작품이기 때문에 관객들이 그걸 읽는 것 같아요. 그럴 때 '4·3'에 대한 역사 인식이 이미 알고 있던 인식 안으로 수렴되는 이야기로 남지 않고, 내가 모르는 영혼과 낯설고 이상한 감정 같은 것들을 통해 확 다가오는 거죠.

하하, 『봄이 들면』 이야기로 다시 넘어가 볼게요. 그 작업은 어떻게 시작하게 되셨어요?

위기의 지구에서 채집자가 된다는 것

김 고사리 책은 오래전부터 쓰고 싶었어요. 그림책을 한다면 고사리를 가지고 하겠다고 마음먹었을 정도로요. 저는 여덟 살 때부터 고사리 꺾으러 다닌 것 같아요. 심지어 대학 가서도 학교 뒷산에서 고사리 꺾어다가 미대 건물 앞에서 말려서 '산처녀'로 유명했어요. 제 고향은 제주 중산간이라서 고사리, 산딸기 따고 간식거리 찾아서 산으로 들로 다니는 게 일이었죠. 고사리 꺾고, 지네 잡고, 반하 같은 약초도 캐러 다니고…. 그러면 동네 슈퍼에서 나름 매입을 해 줬어요. 그다음엔 중간 상인이 와서 사 갔죠.

한 『봄이 들면』에서 또 다른 주인공이 새, 꿩이잖아요. 새 이야기가 두 번째 서사라고 할 수 있는데, 꿩이 주인공이 된 계기가 있었을까요?

김 고사리 꺾다가 꿩알을 꽤 자주 봐요. 고사리 채취 철이 딱 꿩이 알

낳을 시기거든요. 기존에 나온 꿩 이야기 중에 유독 뇌리에 박힌 게 『엄마 까투리』였어요. 아, 생각해 보니 산불이 나오네요. 둘째 낳은 지 얼마안 됐을 때 둘째를 업고 젖 먹이면서 어린이도서연구회 활동을 했어요. 하필이면 내가 『엄마 까투리』를 발제했는데, 내가 쓴 글을 읽다가 울음이 터지더라고요. 그동안 내가 먹은 꿩알과 꿩들과… 그런데 나는 지금새끼를 옆에 두고 젖을 먹이고 있잖아요. 눈물이 멈추지를 않는 거예요. 내가 꿩과 꿩 새끼들의 목숨을 먹어서 이렇게 내 애를 키우고 있구나 하는 자각이 들었던 것 같아요. 그래서 고사리 이야기를 한다면 꿩 이야기도 꼭 넣고 싶었어요.

한 그렇구나…. 그리고 그 책의 세 번째 주인공이 어린 여자아이예요.

김 원래 이야기에는 아이가 없었어요. 요즘엔 어린이들이 고사리 꺾는 데 잘 가지 않으니까 어린이가 등장하면 현실성이 떨어진다고 생각했거든요. 그때 출판사 대표님이 "그런데 애들은 고사리 꺾으러 안 가? 어린이가 있으면 딱 좋겠는데." 하시더라고요. 그래서, 꼭 고사리 하러가는 건 아니더라도 들판에 나가 놀 때의 설레는 감정을 담아 보자 생각해서 내가 어릴 때 느꼈던 기분, 지금 내 딸과 아들의 성격을 합쳐서 캐릭터를 만든 거죠.

한 고사리 꺾기가 낯선 이야기라서 과거 이야기나 회고조로 읽힐 법도 하다가, 마지막에 포클레인이 나옴으로써 동시대 이야기로 확 다가오는 것 같거든요. 지금 제주도에서 일어나고 있는 개발 문제에 대해 조금 더 이야기해 주시면 좋겠네요.

김 제주도는 늘 개발과 보존 사이에서 말이 많죠. 저는 그 책에서 마지막으로, 이제 얘네 어디로 가지? 내년에는, 내후년에는 또 어디에 가서 아기를 낳지? 하는 말을 하고 싶었어요. 그런데 "이렇게 예쁜 곳을 왜 없애?" 하는 차원은 아니에요. 저는 "제주도 너무 예쁜데 왜 개발하려고 해?" 하는 외부의 시선이 싫어요. 거기 살고 있는 사람의 입장에서는 보존을 택할래, 돈을 택할래 하는 유혹 앞에서 돈을 택하지 않기가 너무 힘드니까. 제2공항도 마찬가지고, 개발을 앞두고서는 지역 내 갈등이 되게 심해요. 개발로 이익을 보려는 세력이 돈으로 밀고 들어오면 그걸 이겨낼 사람이 없죠. 그래서 복잡미묘한 감정이 들어요. 저야 돈을 택하지 않을 거지만, "놔두면 예쁜데 왜 밀어 버려?"라고는 말할 수 없어요. 거기 사는 사람들의 다양하고 개인적인 욕망을 볼 수 있어야 한다고 생각해요.

한 기후 문제를 궁극적으로 반자본 운동과 연결시키는 게 중요할 것 같아요. 가장 큰 원인은 몇만 년 동안 지구 밑에 쌓여 있던 자원을 이삼백 년 안에 다 태운 거고, 그게 핵심이잖아요. 그것을 대체하는 에너지를 찾아내서 앞으로 삼백 년을 똑같이 살아가는 방식이 아니라, 부가 무엇이고 성장이 무엇인가 하는 걸 다시 생각해 보지 않으면 기후 위기를 말하기는 어렵습니다.

더 근본적인 것을 말하고, 대안적 상상력을 보여 주는 작품을 어린이책에서 계속 기대해 보겠습니다. 오늘 재미난 이야기 나눠 주셔서 정말 감사합니다.

이 글에서 소개한 책

『북받친밭 이야기』(김영화 글·그림, 이야기꽃, 2025)

『봄이 들면』(김영화 글·그림, 이야기꽃, 2024)

『마지막 나무』(루크 아담 호커 글·그림, 이현아 옮김, 반출판사, 2023)

『이너 시티 이야기』(숀 탠 글·그림, 김경연 옮김, 풀빛, 2020)

『알리트』(제레미 모로 글·그림, 박재연 옮김, 웅진주니어, 2025)

『조용한 세계』(이미나 글·그림, 보림, 2021)

『잘 가, 안녕』(김동수 글·그림, 보림, 2016)

『사라진 저녁』(권정민 글·그림, 창비, 2022)

『사랑 사랑 사랑』(맥 바넷 글, 카슨 엘리스 그림, 김지은 옮김, 웅진주니어, 2021)

『와일드우드』(콜린 멜로이 글, 카슨 엘리스 그림, 이은정 옮김, 황소자리, 2012)

『홀라홀라 추추추』(카슨 엘리스 글·그림, 김지은 옮김, 웅진주니어, 2017)

『세계 끝의 버섯』(애나 로웬하웁트 칭 글, 노고운 옮김, 현실문화, 2023)

『엄마 까투리』(권정생 글, 김세현 그림, 낮은산, 2008)

기후 위기의 최전선에 선 작가와 독자
-2025년 한국에서 만난 세계의 그림책 작가들

김지은*

지구는 둥글다. 덕분에 우리는 연결된 세계를 조금은 더 쉽게 상상한다. 물론 시간이 상당히 걸리긴 하겠지만 내 발밑에서 밀려 나간 파도는 바다를 건너 어느 낯선 땅에 닿을 것이다. 위성 사진을 보면 거대한 폭풍이 비구름을 이끌고 남반구에서 북반구로 올라오는 모습을 눈으로 확인할 수 있다. 최근 들어서 예전보다 다른 나라에서 작업하는 작가들에 대한 동질감이 커졌다. 기후 위기 앞에서 비슷한 문제를 고민하고 있다는 걸 그들의 책을 읽으며 절감하기 때문이다. 곳곳의 작가들이 멸종 위기에 몰린 생명들, 턱없이 부족한 맑은 물, 일상을 급습하는 산불과 기상 이변, 탁한 바람, 뜨거운 땅에 대해 염려하며 글을 쓴다. 인간 아닌 존재들과 함께 살아가는 일, 그들을 존중하는 책을 만들기 위해 노력한다.

2025년 5월, 국제아동권리단체 '세이브더칠드런(Save the Children)'은 파리 협정 10주년을 기념하여 벨기에 브뤼셀자유대학교(VUB)와 함께 「기후 위기 속에서 태어나다 2: 전례 없는 삶-변화하는 기후 속 아동 권

---

* 아동청소년문학 평론가, 『오늘의 어린이책』 편집위원.

리 보호」[*]라는 제목의 보고서를 발표한 바 있다. 이 보고서에 따르면 국제 사회가 현재 계획대로 온실가스를 줄이더라도 2020년에 태어난 세계 어린이의 83%는 평생 극한 폭염을 겪어야 할 것이라고 한다. 기후 문제에 관해서는 나이가 어릴수록 더 긴밀한 당사자가 된다.

전주국제그림책도서전 그림책 콘퍼런스에 함께한
김지은 평론가와 키티 크라우더, 백희나, 사라 룬드베리 작가

지난 2025년 8월, 우리나라에서도 기후 위기에 대한 어린이책 작가들의 초국적인 공감대를 확인하는 콘퍼런스가 열렸다. 「지구와 공존하는 우리」라는 주제로 개최된 국제아동청소년도서협의회(이하 IBBY)의 아시아 태평양 총회였다. 그 밖에도 전주국제그림책도서전, 서울국제작가축제, 경기도서관 개관 기념 「깃털과 이끼」 전시, 부산국제아동도서전 등

---

* 한글판과 영문판, 아동 친화 버전 보고서를 세이브더칠드런 코리아 홈페이지에서 내려받을 수 있다.
www.sc.or.kr > 자료실(긴급구호)

의 어린이책 현장에서 기후 위기는 중심 주제였다. 이 행사들과 관련하여 세계적인 그림책 작가 여러 사람이 우리나라를 찾아 독자를 만났는데, 그들은 약속한 것처럼 우리 앞의 생태적인 위기와 다음의 삶에 대한 고민을 나누고 돌아갔다. 인간 중심주의에서 벗어나 다른 생명들과 새롭게 관계를 수립하는 일에 대해 풍부한 교감을 나누는 자리들이 마련되었다. 각각의 행사에 참여하지 못했던 분들을 위해 그중 여섯 명의 작가와 나눈 이야기를 간추려 들려 드리고자 한다.

돌멩이에 쓰는 시: 키티 크라우더

벨기에의 작가 키티 크라우더는 5월 27일 서울 알부스 갤러리에서 『보이지 않는 너머』라는 제목의 개인전을 열며 내한했다. 제4회 전주국제그림책 도서전에도 초청되어 거의 비슷한 기간에 전주 완산도서관에서 그와 에바 린드스트룀의 전시가 열렸다. 완산도서관에서 열린 콘퍼런스에서 발제를 맡은 키티 크라우더는 어린 시절 귀가 들리지 않았던 경험과 그 시기가 자신의 예술에 미친 영향에 대해 말했다. 그가 소리를 잘 듣지 못하는 어린이라는 사실을 알아차리지 못했던 양육자는 한참 뒤늦게 진료를 시작했다. 그때까지 어린 키티 크라우더는 다른 사람들의 표정과 움직임, 분위기를 보면서 상황을 파악해야 했는데, 이 경험이 바탕이 되어 그의 작품에는 풍성한 표정을 지닌 다양한 비인간 존재들의 목소리가 담기게 되었다.

그가 팬데믹 시기에 이웃과 소통이 차단되고 봉쇄된 작업실에서 그리기 시작한 「얼굴(Faces)」 시리즈는 표정이 얼마나 충분한 언어인가를 보여 준다. 알부스 갤러리에 전시되었던 이 역작은 색연필과 연필 등의 단순한 재료로 수많은 이들의 다채로운 내면을 직관적이고도 면밀하게 탐구하며, 우리가 그동안 얼마나 자기중심적인 세계 이해를 가지고 살아왔고 타인을 관찰하는 일에 서툰 사람들이었는지 깨닫게 만든다. 그는 장애와 비장애, 인간과 인간 아닌 것, 물성을 지닌 것과 그렇지 않은 것의 경계가 없는 수평적인 세계를 그린다. 전주국제그림책도서전 기간, 팔복예술공장에서 진행되었던 댄스 드로잉 워크숍은 참여자들에게 충격적인 해방의 경험을 안겨 주었다. 축광 도료로 각자 그림을 그린 다음, 공간을 어둠으로 채운 뒤 빛의 그림을 들고 보이지 않는 상대와 움직임으로 교감하는 시간이었다. 우리가 지니고 있다고 믿었던 견고한 몸의 윤곽은 그 어둠 속에서 부드럽게 해체되면서 낯선 상대방과 어우러졌다. 연결되어 있음을 체험하는 시간이었다.

키티 크라우더의 세계관 속에서는 누구나 곤경에 처한 다른 존재를 기꺼이 돕는다는 점에서 차별 없이 대등하다. 무엇도 설불리 관계의 우위를 점하지 않는다. 『밤의 이야기』에

알부스 갤러리에 전시된 「얼굴」 연작과 키티 크라우더 작가

서 인간은 은시계를 부엉이에게 건네고 난 뒤 잠을 잃어버린다. 잠 못 이루어 애태우는 인간에게 수달은 친구가 되어 준다. 여기서 시계를 내주었다는 것은 시간의 주도권을 빼앗기고 세상의 속도에 휘말렸다는 의미로 해석할 수 있다. 수달은 돌멩이에 시를 써서 호수에 던지고, 잠을 잃은 인간은 그 돌멩이를 찾기 위해서 호수에서 헤엄치다가 시가 적힌 돌멩이를 발견하고, 잠을 되찾고 평안을 회복한다. 이 서사에서는 인간과 동물뿐 아니라 돌과 물과 바람까지도 이웃이다. 수달, 인간, 돌멩이, 시, 호수는 서로 연결되어 상대를 돌본다. 그는 자신의 그림책 속 인물들처럼 눈을 감고, 바람을 느끼고, 몸을 부드럽게 흔들며, 마음의 균형을 유지하는 가운데 이 고요한 연대를 이어 가라고 권한다. 그것이 서로를 구하는 방법이라는 것이다.

씨앗을 손에 쥐고 되돌아오다: 사라 룬드베리

스웨덴 작가 사라 룬드베리는 전주국제그림책도서전에 초청되어 팔복예술공장에서 전시를 열고, 5월 31일 완산도서관에서 「내 그림책 속의 마법」이라는 주제로 독자들과 이야기를 나누었다. 물과 빛을 통과한 자연의 색이 투명하게 종이에 머무는 그의 원화들은 '책이 다 담아내지 못하는 아름다움'이라는 찬사를 받았다.

사라 룬드베리는 그림책 『내 안의 새는 원하는 곳으로 날아간다』, 『오로지 나만』, 『여름의 잠수』, 『잊어버리는 날』 등의 원화를 전시했는데, 이 작품들을 통해서 어린이가 내면에 깃든 자신의 목소리를 이해하는 힘, 그 목소리를 토대로 자연과 하나가 되어 가는 과정이 도드라졌다. 예를 들어『오로지 나만』에서 수풀 속을 가로질러 환상의 세계로 들어가는 장면은 앙리 루소의「꿈」을 연상시키는 몽환적인 대목이다. 어린이를 둘러싼 수풀과 계곡은 어린이의 확장된 감정이며 모험의 선량한 동행들이다. 이는 자연을 도전이나 극복의 대상으로 보고 자연을 개척하면서 자아를 찾아 나가는 근대적인 성장 서사들과 뚜렷이 차별되는 부분이다.

한편『내 안의 새는 원하는 곳으로 날아간다』에서 어린이는 개울의 진흙으로 새를 만든다. 자신 안에서 무언가 꿈틀거리며 터지는 것을 느끼고 자신도 동물이 되고 싶다고 생각한다. 손에 쥔 진흙은 저절로 제 모습을 빚어내고 아이의 손바닥 안에서 심장을 만들고 새가 되어 날아오른다. 마치 인간이 다른 생명들을 '빚는 존재'라고 생각했다면 그것은 착각이라고 말한다. 사라 룬드베리의 새는 아이의 손에서 날개를 펴고 날아간다. 이것은 아이 자신이며, 아이와 더불어 있는 자연이기도 하다. 병든 엄마를 지켜 주고 엄마를 살아 있게 하는, 그러한 동료로서의 자연이다.

사라 룬드베리는 이 책의 실제 주인공인 스웨덴 여성 예술가 베타 한손의 말처럼 "나의 몸이 세상 모든 것과 닿을 수 있게 하자."는 생각으로 작업한다고 말한다. 그는 또한『오로지 나만』의 아이가 혼자만의 모험을 끝내고 난 뒤, 씨앗을 손에 쥐고 되돌아와 그 씨앗을 땅에 심는 결말을 주목해 보라고 한다. 그는 어린이는 자연 안에서, 자연의 방식으로 성장한다는 것을 강조한다. 어린이를 부두에 매어 두지 말고 과감히 줄을 풀어야 한다고 말한다. 그래야만 모든 것과 닿으면서, 무엇으로든 자라날 수 있다는 것이다. 그런 의미에서 씨앗은 아이의 미래이며 그 미래는 아이의 손에 쥐어져 있어야 한다.

전주국제그림책도서전이 열린 완산도서관에서 강연하는 사라 룬드베리 작가

무한한 자연, 숭고와 그림책: 시드니 스미스

　시드니 스미스는 신작 그림책 『폭풍 속으로』를 들고 8월 말에 열린 IBBY 아시아 태평양 총회에 참석하기 위해서 우리나라를 찾았다. 그는 그동안 『바닷가 탄광 마을』, 『괜찮을 거야』, 『나는 강물처럼 말해요』, 『할머니의 뜰에서』 등의 작품을 통해 자연과 어린이의 교감과 연대를 지속적으로 그려 왔다. 하지만 이번 작품 『폭풍 속으로』에서는 자연의 거대한 힘과 완충 지대 없이 마주하는 어린이의 모험을 다룬다는 점이 인상 깊었다. 『괜찮을 거야』에서 폭설을 다룬 적이 있지만 그때는 작은 생명이 겪는 외부의 시련에 대한 은유의 의미가 더 컸다면, 이번 작품은 물리적으로 존재의 위협이 되는 기상 현상으로서 폭풍 그 자체에 대한 이야

기다.

시드니 스미스는 총회 전 어린이 독자들과 만나는 북토크 시간을 가졌는데, 이때 라이브 드로잉을 준비하여 물감을 적신 붓으로 폭풍을 그리는 과정을 직접 선보였다. 어린이 독자들은 실제 폭풍이 오는 소리를 담은 음원을 들으면서 작가의 나직한 목소리를 따라 어떻게 자연의 소리가 이미지가 되는지 경험했다. 당시 객석의 한 어린이는 자신이 느꼈던 폭풍우처럼 두려운 순간에 대해서 시드니 스미스 작가에게 털어놓았는데, 작가는 "네가 그 두려움을 우리에게 이야기해 줄 수 있다는 것은 이미 그 두려움을 뛰어넘고 있다는 것이며, 그 감정은 공포가 아닌 다른 것으로 변화하기 시작했을 것"이라는 말로 어린이를 격려했다.

그는 며칠 뒤 열린 IBBY 아시아 태평양 총회에서 기조 강연을 맡았다. 그의 주제는 「숭고와 어린이」였다. 그 자신이 캐나다의 웅장한 자연 속에서, 자연의 경이로운 움직임에 대한 두려움을 안고 성장한 어린이였던 시드니 스미스는 작은 몸집의 어린이들이 세계를 어떻게 느끼는지에 대해서 미학의 '숭고' 개념을 들어 설명했다. 경험 세계의 규모가 다른 어린이에게는 자신을 둘러싼 모든 것이 더 크고 완벽하게 느껴진다. 자연에 대한 존중의 감정도 경외에 가깝다. 어린이는 이 경외의 감정을 두려워하면서도 사랑한다. 자연과 나누는 끊임없는 대화를 통해 공포에 가까운 그 감정을 아름다움으로 바꾸어 가면서 성장한다. 그림책은 이 과정에서 어린이의 마음에서 일어나는 작용들을 다룬다. 도저히 닿을 수 없을 것 같은 아스라한 지점, 만질 수 없을 것 같은 압도적인 크기, 가족의 해체와 사랑하는 이의 죽음 같은 이해할 수 없는 난해한 감정들을 뚫고 어린이가 그 거대함과 마침내 직면할 수 있게 해 주는 예술이라는

IBBY 아시아 태평양 총회에 초대된 시드니 스미스 작가

것이다. 시드니 스미스의 강연을 들으면서 그가 그림책에서 어린이보다 더 작은 고양이를, 바다보다 더 컴컴한 해저 탄광의 갱도를, 말하는 강물을, 휘몰아치는 폭풍의 굉음을 자신의 작품에서 그리고 또 그려 내는 까닭을 짐작할 수 있었다. 시드니 스미스는 자연을 문학적으로 이해하는 작가다. 그에게 자연은 서사이며, 멈추지 않고 자라는 이야기이다. 자연에 대한 공감이 곧 어린이의 성장이다.

순환하는 존재들: 아드리앵 파를랑주

아드리앵 파를랑주는 한국문학번역원이 주최하는 2025 서울국제작가축제의 초청 작가로 9월 중순 우리나라를 찾았다. 필자 김지은의 사회로 그림책 작가 이수지와 함께 「보 이 는 것 보 다 (더 보이는)」이라는 주제의 대담을 나누었으며, 소설가 정용준의 진행으로 소설가 최진영, 시인 윤은성과 함께하는 대담에 참여하기도 했다. 별도로 최혜진 평론가와 함께한 『봄은 또 오고』 북토크 행사도 열렸다.

아드리앵 파를랑주는 독자와 협업하는 공간으로서 그림책에 대해 이야기했다. 독자의 상상력이 이야기의 구성에 결정적인 역할을 할 뿐 아니라 타공된 지점을 지나는 독자의 손가락, 표지에 닿는 독자의 손바닥, 종이에 그려진 형태를 바라보며 대각선으로 움직이는 독자의 눈길을 포함한 모든 크고 작은 상호작용이 그림책의 의미를 만들어 낸다는 것이다.

이 상호작용에서 결정적인 기준점으로 작용하는 것은 그림책을 통과하는 시간이다. 그중에서도 순환하는 자연의 시간에 주목했다. 『봄은 또 오고』가 그러하듯이 자연의 시간은 같으면서도 다르게 되풀이된다. 자연의 시간은 흐르고 흐르지만, 그 방향은 다시 봄, 새로운 처음을 어김없이 통과한다. 우리를 이야기를 읽기 전의 지점으로 보내되 다른 상태로 되돌려 놓는다. 아드리앵 파를랑주는 그림책을 읽는 일은 메아리가 울리는 일과 닮아 있다고 말한다. 독자는 그림책의 책장을 넘기며 이야기에 새겨진 반복되는 무늬를 지난다. 그것은 문장이기도 하고 이미지나 양식이기도 할 것이다. 독자는 한 권의 책에서 같은(사실은 다르지만 같아 보이는) 경험을 두 번, 세 번 반복하면서 그 이야기에 더 깊게 접근한다. 이야기의 공간을 이해하게 되고 공감하게 되고 그 안에서 무엇을 할 수 있겠다는 용기를 얻게 된다. 그리고 결국 자신이 이 책에 그려진 순간을 만났던 첫 번째 경험, 첫 번째 순간을 다시 느끼게 된다. 그 시간은 반드시 독자에게 돌아와 메아리친다. 『봄은 또 오고』는 바로 그러한 과정을 담은 그림책이라고 설명했다.

아드리앵 파를랑주 작가가 말한 바처럼 자연의 중요한 특징 중 하나는 순환이다. 씨앗은 다시 씨앗이 되고, 강물은 다시 강물이 되며, 흙은 흙으로 돌아온다. 그림책을 읽는 일이 자연의 순환을 이해하는 일이라는 그의 이야기는 우리가 이 순환을 외면하고서 살아갈 수 없다는 명확한 사실과 연관되는 것처럼 보였다. 그는 방한 기간 중 서촌의 작은 서점 '책방 오늘'을 찾았다. 몇 평 되지 않는 그 작은 공간에서 한 시간 가까이 머무르며 서가에 놓인 책들을 찬찬히 살펴보았다. 자연이 순환하듯이 책도 순환한다. 파리의 어느 서점에서 독자를 만나던 그림책은 약간 다른 표지로, 다른 글자로 옮겨져 서울의 책방에 놓여 있다. 책방 나들이에 동행했던 나는 이것은 같은 경험이지만 같은 경험이 아니라는 것, 우리는 해마다 봄을 맞이하지만 같은 봄은 아니라는 것에 대해 이야기를 나누었다. 그와 내가 아는 동일하지만 동일하지 않은 그 책에 대해 대화를 나누며, 어린이가 책을 읽어야 하는 이유가 자연을 이해하는 일이라는 말의 의미를 조금 더 이해하게 되었다.

서울국제작가축제에서 대담을 진행하는
김지은 평론가와 아드리앵 파를랑주, 이수지 작가

모든 것의 일대기로서 그림책: 카슨 엘리스와 조던 스콧

2025년에 한국을 찾은 두 사람의 작가가 더 있다. 한 사람은 『홀라홀라 추추추』로 벌레 언어의 그림 통역을 시도했던 작가 카슨 엘리스다. 그는 경기도서관 개관 기념 전시인 「깃털과 이끼」에 초청되어 경기도 광교를 찾았다. 또 한 사람은 부산국제아동도서전에 초청된 『나는 강물처럼 말해요』와 『할머니의 뜰에서』의 글 작가 조던 스콧이다. 두 사람 모두 우리를 둘러싼 작은 생명에 대한 연대 의식을 담은 작품, 비인간 존재가 등장하는 작품을 쓰고 있다는 공통점이 있다.

카슨 엘리스는 최근 버려진 아기 고양이 한 마리를 발견한 마을 사람들의 우연한 협동을 다룬 『이것은 한 마리 아기 고양이 이야기가 아닙니다』라는 그림책을 펴낸 바 있다. 생명을 귀중하게 여기는 사람들의 감각은 인종, 성별, 연령, 그 밖의 어떤 경계도 훌쩍 뛰어넘어 서로 손잡게 만든다는 것을 강조했다. 『홀라홀라 추추추』의 여러 나라 번역본을 비교하며 벌레들의 언어를 번역하는 과정에서 유지된 것과 바뀐 것, 그 다양성을 견주어 보고 싶다는 이야기도 했다. 생명체의 가장 중요한 특성은 끊임없이 다양성을 만들어 낸다는 사실이다. 이것은 책의 특성과도 닮았다. 그는 이 책과 더불어 우리나라에 아직 번역되지 않은 책 『The Shortest Day』에 대해서도 이야기했다. 일 년 중 가장 해가 짧은 날인 동지를 지나서 해가 길어지는 그다음 날을 맞이하는 사람들의 기쁨에 대해서 말하며, 지금은 상상할 수 없는 혹독한 환경에서 살아왔을, 어쩌면 자연의 일부로 자신을 인식했을 과거의 선조들에 대해서 말했다.

조던 스콧은 「아이와 바다」라는 부산국제아동도서전의 주제에 맞게 「바다를 사랑하는 아이들에게」라는 주제의 강연을 했다. 그가 준비한 또 하나의 글쓰기 워크숍에서는 자신이 자연과 어떤 방식으로 생각을 교류하며 글을 쓰는지 어린이들에게 설명했다. 캐나다 서부의 섬에 살고 있는 조던 스콧은 자신이 살고 있는 곳에서 바라다보이는 더 작은 섬을 향해 아침이면 바다를 가로질러 헤엄쳐 간다고 한다. 물길을 느끼고, 바다의 흐름에 몸을 맡기고, 인적이 없는 고요한 작은 섬의 땅에 발을 디디면서 그 감각을 기억하고 글을 쓰는 마음을 가다듬는다는 것이다. 그는 워크숍이 끝날 무렵 어린이들과 자연으로부터 온 한 가지를 서로 교환하는 흥미로운 절차를 진행했다. 어린이들은 "양산의 단풍잎이에요.", "김해의 도토리를 주워 왔어요."라고 말을 건네며 조던 스콧을 둘러싸고 자신이 가져온 자연의 어느 부분을 먼 나라의 작가에게 선물했다. 작가는

▲ 경기도서관 개관 기념 전시에서 대담을 나눈 카슨 엘리스 작가와 김지은 평론가

◀ 부산국제아동도서전에서 어린이를 만난 조던 스콧 작가

50

한 사람 한 사람의 이야기를 들으며 그 물건을 소중하게 품은 다음 자신이 가져온 섬의 조약돌을 건넸다.

이 광경을 지켜보면서 그림책이란 무엇이길래 이토록 많은 사람들을 하나로 연결시켜 주는 것일까 다시금 생각해 보았다. 그림책은 어쩌면 모든 살아 있는 것들의, 아니 모든 것들의 일대기가 아닐까. 갈매기의 일대기, 산들바람의 일대기, 흙먼지의 일대기, 새털구름의 일대기, 어린이와 어른의 일대기가 그림책 안에 있다. 일대기를 안다는 것은 함부로 할 수 없다는 의미이기도 하다. 존중하지 않을 수 없는 상태가 된다. 존중과 경외를 잃고, 파괴에 무감한 이 시대에 책을 읽는 일이 왜 소중한가를 새삼 깨닫는다. 어린이와 책을 읽는 일이 왜 더더욱 소중한가를 생각한다.

이 글에서 소개한 책

『밤의 이야기』(키티 크라우더 글·그림, 이유진 옮김, 책빛, 2019)

『내 안의 새는 원하는 곳으로 날아간다』(사라 룬드베리 글·그림, 이유진 옮김, 산하, 2018)

『오로지 나만』(사라 룬드베리 글·그림, 김아영 옮김, 봄볕, 2024)

『여름의 잠수』(사라 스트리츠베리 글, 사라 룬드베리 그림, 이유진 옮김, 위고, 2020)

『잊어버리는 날』(사라 룬드베리 글·그림, 이유진 옮김, 어린이작가정신, 2022)

『폭풍 속으로』(브라이언 플로카 글, 시드니 스미스 그림, 김지은 옮김, 책읽는곰, 2025)

『바닷가 탄광 마을』(조앤 슈워츠 글, 시드니 스미스 그림, 김영선 옮김, 국민서관, 2017)

『괜찮을 거야』(시드니 스미스 글·그림, 김지은 옮김, 책읽는곰, 2020)

『나는 강물처럼 말해요』(조던 스콧 글, 시드니 스미스 그림, 김지은 옮김, 책읽는곰, 2021)

『할머니의 뜰에서』(조던 스콧 글, 시드니 스미스 그림, 김지은 옮김, 책읽는곰, 2023)

『봄은 또 오고』(아드리앵 파를랑주 글·그림, 이경혜 옮김, 봄볕, 2024)

『이것은 한 마리 아기 고양이 이야기가 아닙니다』(랜달 드 세브 글, 카슨 엘리스 그림, 김지은 옮김, 봄볕, 2025)

『홀라홀라 추추추』(카슨 엘리스 글·그림, 김지은 옮김, 웅진주니어, 2017)

『The Shortest Day』(수잔 쿠퍼 글, 카슨 엘리스 그림, Walker Books, 2019)

텅 빈 그릇처럼 활짝 열린 예술가의 마음

-그림책 작가 사라 룬드베리 인터뷰

최현경* · 박찬석**

진행 및 정리

2026년 6월, 서울 책방 '마바사'에서 진행된 인터뷰

지난 2025년 5월, 사라 룬드베리, 키티 크라우더, 에바 린드스트룀, 백희나까지, 그림책이라는 소박한 매체를 통해 깊고 넓은 작품 세계를 펼쳐 온 세계적인 여성 작가 네 명의 작품이 대한민국 전주에 모였다. 「그림책, 마법의 공간」이라는 주제로 열린 제4회 전주국제그림책도서전에

---

* 『오늘의 어린이책』 편집위원, 노란상상 편집장.

** 봄볕출판사 부대표.

는 그림책을 사랑하는 전국의 독자들과 작가들, 관련 업계 종사자들이 이 위대한 작가들을 만나기 위해 구름처럼 모여들었다.

그중 사라 룬드베리 작가를 서울 연남동의 조용한 골목길에 자리 잡은 복합 문화 공간 '마바사'에서 만났다. 한적한 스웨덴과 극적으로 대비되는 한국의 북적임과 분주함에 조금은 지쳐 있었음에도, 장황한 질문 가운데 하나도 허투루 넘기지 않고 성심껏 답변해 주었다.

Q 우리 다움북클럽은 성인지 감수성과 다양성 및 포용성 관련 어린이책을 추천하기 위해 모인 전문가 그룹입니다. 몇 년 전에는 여성가족부와 함께한 저희 사업이 어느 극우파 정치인이 제기한 금서 논란의 중심에 놓이기도 했지만, 한국 사회에서 이러한 책이 더 많이 만들어지고 주목받아야 한다고 여겨 서평지 『오늘의 어린이책』을 매년 출간하고 있습니다. 역경을 딛고 자신의 꿈을 이루는 여성 주인공, 다양한 모습의 가족과 어린이의 독립적 세계를 지지하는 어른이 등장하는 『오로지 나만』, 『여름의 잠수』, 『내 안의 새는 원하는 곳으로 날아간다』 같은 작가님의 그림책도 꾸준히 사랑받아 왔습니다.

먼저 작가님도 스웨덴이나 다른 나라에서 금서나 검열 논란을 경험해 본 바가 있는지 듣고 싶어요.

A 일단 스웨덴의 그림책 문화는 꽤 자유롭고 포용적입니다. LGBTQ+, 이주민, 장애인 등 다양한 사회적 소수자를 포함하는 것이 당연한 기준처럼 여겨져요. 때로는 정치적 올바름에 치우친 것처럼 보일 수도 있지만, 결국 우리 작가들이 계속해서 포용적인 태도를 유지하고

작업에 반영해야 한다고 믿습니다. 그래야 포용적인 태도가 예외가 아닌 자연스럽고 당연한 상태가 될 수 있기 때문이죠.

다만 제 책이 다른 나라에서 출간될 때 간혹 수정 요청을 받은 적이 있어요. 예를 들어 아랍권에서는 『내 안의 새는 원하는 곳으로 날아간다』의 어떤 장면이 '너무 노출이 많다.'는 이유로 여성 인물에게 숄 같은 걸 덧입히는 식의 수정이 필요했죠. 이 책은 여성사, 페미니즘, 여성의 자율성과 꿈의 실현에 관한 이야기인데, 책이 출간되는 건 가능했음에도 벗은 몸은 감추어야 했어요. 책 속에 미켈란젤로의 「아담의 창조」를 담은 엽서가 나오는데, 아담의 벗은 몸도 그 위에 손을 그려 넣는 식으로 가려야 했고요.

한편 미국에서는 다른 식의 검열을 겪었는데요. 『고양이 산책』의 한 장면에서 이빨과 발톱을 드러낸 고양이 그림이 어린이들이 보기엔 '너무 무섭다'면서, 출판사에서 "고양이 입을 다물게 하거나, 발톱을 가려라." 같은 요구를 했어요. 그 요구는 제가 거절했어요. 발톱도, 이빨도, 아무것도 바꾸고 싶지 않았거든요. 아이들은 그 정도 이미지를 충분히 받아들일 수 있다고 생각했어요. 결국 출판사는 제 결정을 받아들여 그대로 출간했지요. 미국의 여러 지역에서 어린이책은 꽤 보수적으로 다뤄지고, 실제로 금서 사건도 자주 일어난다고 들었어요.

제 책을 관리하는 에이전시가 해외의 부정적 반응까지 일일이 전해주지는 않으니 직접 경험한 사례가 많지는 않습니다. 그래도 정부가 앞장서서 어떤 종류의 책을 금지하는 것은 끔찍한 일이라고 생각합니다. 스웨덴에는 '팔길이 원칙(Arm's-length principle)' 같은 문화적 합의가 강해서, 정치인은 책, 연극, 영화, 음악 등 예술에 관해 '이렇게 해야 한다.'

라고 절대 간섭해서는 인 됩니다. 지원은 하되, 내용에 개입하지 않는 기죠. 물론 스웨덴에도 우파 정부가 있고, 더 '스웨덴적인 이야기'나 '민족주의적 민담'을 강조하려는 흐름이 있긴 해요. 하지만 그런 구체적인 시도가 나타나면 문화계에서는 "여기까지 오지 마라." 하고 강하게 경계를 칩니다. 최소 팔길이만큼은 거리를 유지하라는 거죠.

Q 스웨덴 정부에서 '아스트리드 린드그렌 추모상(ALMA)' 같은 국제상에 엄청난 예산을 쓰는 점도 무척 인상적입니다.

A 네, 스웨덴은 문화에 꽤 많은 돈을 쓰려는 태도가 있어요. 노벨상이나 ALMA 같은 큰 상도 있죠. 시민의 복지에 도움이 된다는 믿음 때문일 듯하고, 한편으로는 국가의 위상과도 연결되는 것 같습니다. '세계에서 가장 큰 상을 주는 나라'라는 포지셔닝 자체가 가치가 되는 거죠. 스웨덴은 확실히 부유한 나라이고, 부유한 나라로서 사회와 문화에 환원해야 한다는 책임 의식도 있는 것 같습니다.

Q 어느 인터뷰에서 작가님은 "저는 작업할 때 독자를 먼저 떠올리지는 않습니다. 이 작품이 반드시 아이들 눈높이에 맞추어야 한다고 생각하지도 않습니다. 그보다는 내가 전하려는 바에, 내 미적 감각에, 내 안의 어린이가 말하는 것에 충실하려고 하죠."라고 말했습니다. 그렇지만 작가님이 만든 이야기와 이미지에서 어린이와 동물, 그리고 다양한 소수자에 대한 깊은 이해와 존중이 느껴집니다. 특히 어린이들의 모습이 구체적이고 생생하게 그려지는 점이 그렇죠. 또한 거의 100년 전에 살

았던 여성 화가나 마음의 병을 앓는 가족 같은 흔치 않은 소재를 다루면서도, 어린이의 시선과 성장이라는 관점을 놓치지 않습니다. 이런 태도는 당신의 타인에 대한 겸손한 자세에서 비롯된 것 같기도 한데, 작업을 하면서 이런 점을 의식하시나요? 혹시 작가님도 어떤 식으로든 자신이 소수자라고 느낀 적이 있으며, 그런 정체성을 담아낸 작업도 있나요?

A 저는 사실 어떤 소수자 집단에 속한다고 말하기는 어렵고, 주류 스웨덴 시민에 가깝습니다. 하지만 어려서부터 늘 어딘가 '다르다.'는 감각을 가지고 있었어요. 제 어머니는 스웨덴 최북단 출신인데, 그 지역에는 '사미'라는 소수 민족 공동체가 있습니다. 핀란드·노르웨이·스웨덴에 걸쳐 사는 원주민이죠. 제 아버지 쪽 가족사도 조금 복잡해요. 아버지는 1938년에 혼외자로 태어났고, 당시에는 그 사실이 큰 수치로 여겨졌죠. 아버지는 어머니를 일찍 여의고 조부모에게 입양되어 자랐는데, 조부모마저 14살 무렵 세상을 떠났다고 해요. 이렇게 아버지의 삶에는 공백과 물음표가 많았어요. 아버지는 외모가 사미족 사람들과 닮은 편이라, 저는 '혹시 우리 가족에 사미 혈통이 아주 조금이라도 섞여 있을까?' 같은 상상을 하곤 했어요. 사실 여부는 모르지만, 그 호기심과 연결감은 아주 어릴 때부터 제 안에 있었고, 그래서 스웨덴의 사미 문화와 언어와 역사에 자연스럽게 사로잡혔습니다.

사미족은 순록을 기르고, 고유 언어와 깃발이 있어요. 사미어는 스웨덴어와 계통이 전혀 다르고 저는 그 언어를 알아듣지 못합니다. 그들은 오랫동안 유목민으로 살아왔고, 자연 종교와 샤먼 전통도 갖고 있었는데요, 과거 스웨덴 사회에서 심하게 차별과 억압을 겪었습니다. 언어 사용이 금지되고 기독교로 개종을 강요당했죠. 지금도 사미어는 사라질 위기에 있는 언어 중 하나예요. 정말 슬프고 복잡한 역사입니다. 네, 전 세계에서 반복되어 온 이야기이기도 하고요. 그런데 제가 27살 때 처음 그림을 그린 책이 바로 사미족 관련 책이었어요. 제가 글을 쓴 건 아니고, 원주민 출신의 작가가 사미족의 신화를 다룬 글을 썼고 저는 그림을 맡았답니다. 우연일 수도 있고 운명일 수도 있는데 그렇게 인연이 닿았어요. 제 아버지에게 사미족의 피가 조금이라도 흐르는지 어떤지 알 수 없지만, 저는 어쩐지 그곳에 속해 있다는 감각 같은 걸 느꼈습니다.

한 가지 중요한 건, 창작자는 평생 '공감 능력'을 연마해야 한다는 점이에요. 연극에서는 어떤 인물을 연기할 때 '타인을 이해하려는 노력'이 중요하다고들 합니다. 그 사람을 이해하기 위해 그 사람이 되어 보려는 노력, 자기 안에서 타인을 찾아내는 노력 같은 거죠. 작가도 마찬가지입니다. 작가는 자기 인물을 사랑해야 해요. 나쁜 인물이라도요. 세상에는 완전히 나쁜 사람은 없으니까요. 나쁜 인물도 항상 뭔가 복잡한 요소를 갖고 있습니다. 좋은 사람도 항상 좋은 것만은 아니고 어떤 결함이 있고요. 저는 제 인생 전체를 통틀어 인간이라는 존재를 이해하려고 노력해 온 것 같아요. 그리고 모든 종류의 사람에 대해 연민과 공감을 가지는 것, 그게 바로 예술가의 일이라고 생각합니다.

Q 작가님은 회화 작업으로 출발하여 서서히 그림책 쪽으로 작업의 중심을 이동시켰습니다. 지나치게 이분법적인 생각인지 모르겠지만, 두 작업의 접근법은 사뭇 달라서 병행하거나 다른 한쪽에 적응하기가 어렵

지는 않았는지요? 이미지 한 장면의 완성도에 집중하는 회화와 연속되는 이미지를 통해 서사를 완성해 가는 그림책 작업을 할 때, 작가님의 마음가짐은 어떻게 다른가요?

A 저는 회화와 그림책 모두를 향해 같은 종류의 창작 충동을 느낍니다. 하지만 그림책이 더 어렵다고 생각해요. 그림책은 아주 복잡한 퍼즐을 맞추는 작업 같거든요.

회화는 하나의 이미지입니다. 저는 구상 회화를 하니까 그림 안에 늘 이야기가 있어요. 그 이야기는 전체 이야기 중 한순간이거나 아주 작은 일부일 수도 있죠. 그림은 멈춰 있는 이미지이고, 그 안에는 무언가가 이미 일어났거나 일어날 것 같은 상태가 담겨 있어요. 이야기를 만드는 건 그림을 보는 사람들입니다.

그래서 회화는 '쓰이지 않은 이야기'라고 할 수 있어요. 그림 하나를 그리면서 저만 아는 이야기가 얽혀 있는 경우도 많습니다. 그림책 『오로지 나만』도 처음에는 한 점의 그림이었어요. 저는 그 안에 이야기가 있다는 걸 알고 있었으니, 결국 그게 책이 된 거죠. 길거리에 흰 선을 긋는 소녀가 등장하는 『Vita Streck(White Lines)』라는 그림책도 언젠가 그린 그림에서 '이 인물에게 이야기가 있을 것 같다.'는 느낌이 들어, 인물을 인터뷰하듯 파고들며 서사를 만들었습니다. 그렇게 제 경우에는 회화와 그림책이 서로 영감을 주고, 서로를 먹여 살리는 관계에 있습니다. 이야기를 먼저 쓴 다음에 그걸 그림으로 만든 적은 거의 없고, 대부분 그림을 먼저 그린 다음에 '여기에 이야기가 있을까?' 묻는 방식이었습니다.

어떤 회화는 굳이 이야기로 만들고 싶지 않을 때도 있어요. 열려 있는 이미지이므로, 각자 자기만의 방식으로 백만 가지 버전의 이야기를 만들 수 있게 놔두고 싶어서요. 그래서 저는 회화도 좋아하는데요.

그럼에도 제가 그림책을 만들고 싶은 이유는 제가 텍스트를, 글쓰기를 좋아하고, 텍스트와 이미지와 결합했을 때 나오는 결과를 좋아하기 때문이에요. 그건 또 하나의 예술적 차원이고 제3의 무언가가 만들어지거든요. 어떤 이미지를 텍스트에 붙이느냐에 따라 몸으로 느껴지는 감각이 완전히 달라져요. 그래서 그림책을 만드는 일은 창작적으로 훨씬 더 복잡합니다. 그림책은 구조이고, 건축이고, 드라마투르기입니다. 저는 그림책을 만들 때 제 안의 통제 욕구와 싸우게 돼요. 통제를 내려놓는 연습을 해야 하죠. 회화 작업을 할 때는 훨씬 느슨하게 본능과 직관을 따라갈 수 있습니다. 이야기를 만들 때도 본능적으로 작업하고 싶지만, 어느 정도는 40여 페이지라는 틀 안에서 작업해야 하고, 몇 가지 규칙과 포맷, 텍스트가 너무 길지 않아야 할 것 같은 형식을 생각합니다. 그래서 회화보다 훨씬 더 많은 두뇌 노동이 필요한 작업이에요.

글을 쓰다 보면 어느 순간 멈추게 될 때가 있어요. '이 인물은 어느 방향으로 성장해야 할까? 이쪽일까, 저쪽일까, 또 다른 방향일까?' 이런 고민을 하면서 일단 한 방향으로 가 봅니다. 그러다 제대로 작동하지 않으면 다시 돌아와 다른 방향을 시도합니다. 이렇게 앞뒤로 오가는 작업을 여러 번 반복합니다. 어떤 때는 이야기의 시작과 끝은 분명히 알고 있는데 중간에서 무슨 일이 일어나야 할지 모를 때도 있어요. 그 사이에는 아주 많은 길이 있을 수 있죠. 끝없이 많아요.

어떤 때는 제가 이야기를 너무 계획적으로 설계하고 있다는 걸 스스로 알아차릴 때도 있습니다. 그럴 때는 한발 물러서서 기다려야 합니다. 뭔가 더 깊은 것이 나타날 때까지요. 다른 작가의 그림책도 많이 읽으면서 이야기를 지나치게 꾸며 내려 했는지 자연스러운지에 대한 감각도 익히려고 노력해요. '내가 이 이야기를 어떻게 만들고 싶은가?'보다 '이 이야기가 내게 무엇을 요구하는가?'라고 질문하려고 노력합니다. 어렵지만 그림책 창작에서 가장 아름다운 지점이에요. 저는 비디오 아트, 연극, 무용, 글쓰기, 회화 등 여러 예술 분야에서 작업했지만, 그 모든 것 중에서도 어린이를 위한 글쓰기가 가장 어렵다고 느껴요.

Q 소설과 어린이 문학을 오가는 사라 스트리츠베리 작가와의 협업은 어땠나요? 성인 문학 쪽의 작가가 어린이 문학이나 그림책에 도전할 때 너무 가볍게 접근하여 실망을 주는 경우가 종종 있는데, 『여름의 잠수』와 『저녁이면 눈 냄새가 난다』 같은 두 분의 작업은 그런 느낌이 들지 않았습니다.

A 네, 여러 성인 문학 작가들이 어린이를 위한 글을 쓰는 방법을 제대로 이해하지 못하고 작업할 때가 많습니다. 하지만 사라 스트리츠베리는 자기 안의 아이와 잘 연결되어 있다고 느껴졌어요. 그의 작품은 어린이에게 통하는 톤이 있어요. 어린이를 내려다보는 방식이 아니고, 어린이의 관점을 존중합니다. 사라 자신이 어린이 같은 사람이죠. 저도 그래요. 그래서 함께 어울리는 것이 무척 즐거웠습니다.

Q 작가님은 작품의 이미지만큼이나 서사 또한 간결한 이야기에 풍부한 상징과 철학을 담아냅니다. 모든 작가들이 당신과 같은 목표를 갖고 작품에 임하지만, 누구나 도달하는 것은 아니죠. 많은 일러스트레이터들이 글쓰기를 어렵게 느끼면서도, 글과 그림을 둘 다 스스로 작업한 작품을 발표해야만 어엿한 '그림책 예술가'로서 인정받을 것만 같은 압박을 느낍니다. 그림책 작가의 글쓰기, 또는 이야기 만들기에 관해, 그리고 다른 사람이 쓴 글을 선택하여 나의 진지한 작업으로 가져오는 과정에 관해 이야기해 주세요. 특히 그림책 환경이 빠르게 디지털로 옮겨 가는 시대에, 갈림길에 선 젊은 작가들에게 들려주고 싶은 이야기가 있다면요?

A 요즘 한국의 그림책 환경이 빠르게 디지털화되고 있고 여러 면에서 변화하고 있다고 들었습니다. 스웨덴에서도 많은 그림책 작가들이 디지털로 이동하고 있어요. 저는 디지털 작업 자체에 반대하지 않습니다. 훌륭한 디지털 작가들도 많고, 그것도 하나의 기술이니까요. 다만 저는 평소에 화면을 충분히 많이 보고 살고, 제 작업실에서만큼은 화면 앞에 있고 싶지 않아요. 종이와 물감과 여러 재료를 직접 만지며 작업하는 게 좋습니다.

다만 디지털의 단점은 너무 빠르고 실수가 없다는 점이라고 생각해요. 회화를 할 때는 종종 실수를 하는데, 그 실수가 때로는 작업을 예상치 못한 방향으로 데려가기도 합니다. 종이 위에 손으로 그림을 그리는 일은 하나의 기술입니다. 그 기술이 사라지는 건 슬픈 일이에요. 하지만 발전을 막을 수 없다는 것도 알아요. 젊은 일러스트레이터들이 현명하게 자기 길을 선택하리라 믿습니다.

수작업 방식은 시간이 더 오래 걸립니다. 저는 운 좋게 장학금이나 지원을 받아 시간을 확보한 적도 있지만, 그렇지 못할 때도 있었고 내가 이 시간과 경제적 어려움을 감당할 수 있을지 고민도 많았죠. 그래도 늘 모험을 감수해 왔어요. 예술가가 되기로 했기 때문에 경제적으로 힘든 시기도 받아들일 수 있었습니다. 마음과 영혼을 작업에 쏟는다면 결국 돈은 따라온다고 믿어요.

남의 글에 그림을 그리는 것과 내가 직접 쓰고 그리는 것은 전혀 다른 창작 과정입니다. 대부분 화가들은 자신이 글을 못 쓴다고 생각하죠. 저도 그랬어요. 글을 쓸 수는 있어도 작가처럼 쓸 수는 없다고요. 하지만 저는 글쓰기를 시도하지 않고, 제 예술을 다음 단계로 끌어올리지 않으면 지루해질 거라는 걸 알았어요. 자극과 도전이 필요했죠. 그래서 두렵더라도 내 이야기를 쓰기 시작했어요. 지금까지 쓴 책이 열 권쯤 되는데, 매번 '이제는 알겠지.' 했다가 다음 책을 쓰면 또 '여전히 너무 어렵다.'라고 느낍니다. 그럼에도 계속 쓰고 싶은 마음이 생겨요.

저는 처음 10년 정도는 주로 다른 사람 글에 그림을 그렸는데, 그 작업들은 제게 일종의 학교 같은 역할을 했어요. 좋은 작업이었고 나름의 의미가 있었지만, 제게 어떤 문을 열어 주진 못했어요. 글과 그림을 함께 작업하기 시작했을 때, 비로소 무언가가 열렸습니다. 수상 후보에 오르고, 더 많은 인정을 받게 되었죠. 내 이야기를 쓰면 결국 나 자신을 더 많이 드러내게 되거든요. 물론 다른 사람의 글에 그림을 그리는 협업도 즐겁고, 그 안에서도 어느 정도는 자신을 드러낼 수 있어요. 하지만 결국은 다른 사람의 이야기를 그림으로 말하고 있는 거라, 자기 글을 쓸 때만큼의 깊이에 도달하긴 어렵습니다. 그래서 저는 젊은 작가들에게 자기 이야기를 써 보라고 권합니다.

많은 일러스트레이터들이 스스로를 의심하지만, 저는 할 수 있다고 믿어요. 첫 번째 초고는 늘 형편없어요. 그건 정상입니다. 시간을 들여 계속 고치고, 씻고 다듬고 끓이면 대부분 충분히 좋아질 수 있어요. 저는 재능보다 인내가 더 중요하다고 믿거든요. 누구나 인정받고 싶어 하지만, 인정받지 못하더라도 계속하는 것이 중요합니다. 제 가장 친한 친구는 75살 된 조각가예요. 한 번도 큰 갤러리에서 전시한 적이 없고 유명해진 적도 없지만, 그래도 평생 예술가로 살아왔어요. 저는 그게 진짜 예술가의 모습이라고 생각해요. 누가 알겠어요. 루이스 부르주아처럼 70살이 넘어서 유명해질 수도 있잖아요. 그런 일이 일어날 수도 있지만, 결국 명성은 중요하지 않아요. 그건 부수적인 결과일 뿐이죠. 예술가의 길을 걸으려는 우리 모두에게 중요한 것은 자기 자신에게 충실하고, 매사에 정직하며, 호기심을 잃지 않고, 자기중심적이지 않은 태도를 지키는 것입니다. 흘러나오려는 표현이 막힘없이 그대로 흘러나올 수 있도록, 텅 빈 그릇처럼 활짝 열려 있는 것이 중요해요.

이 글에서 소개한 책

『오로지 나만』(사라 룬드베리 글·그림, 김아영 옮김, 봄볕, 2024)

『여름의 잠수』(사라 스트리츠베리 글, 사라 룬드베리 그림, 이유진 옮김, 위고, 2020)

『내 안의 새는 원하는 곳으로 날아간다』(사라 룬드베리 글·그림, 이유진 옮김, 산하, 2018)

『고양이 산책』(사라 룬드베리 글·그림, 이유진 옮김, 어린이작가정신, 2024)

『Vita Streck(White Lines)』(사라 룬드베리 글·그림, Alfabeta, 2009)

『저녁이면 눈 냄새가 난다』(사라 스트리츠베리 글, 사라 룬드베리 그림, 안미란 옮김, 위고, 2025)

성평등은 검열될 수 없다
-충청남도 성평등 도서 검열에 대한 국가인권위원회 시정 권고 결정의 의의

박한희*

2025년 7월 2일, 국가인권위원회 아동권리위원회는 김태흠 충청남도 지사와 김지철 충청남도 교육감에게 관할 공공 도서관에서 성교육·성평등 도서를 서가에서 제외하거나 열람·대출을 제한하는 조치가 발생하지 않도록 하라는 권고를 내렸다. 또한 충청남도 각 시장과 군수에게 법률에 정하지 않은 사유로 특정 도서의 열람·대출을 제한하는 것은 시민의 알 권리 침해라는 의견을 표명했다.

국가인권위원회(이하 '인권위')의 이 결정은 2023년 9월 8일 차별금지법제정연대(이하 '차제연')와 충남차별금지법제정연대가 충남 도지사, 교육감, 문화체육관광부 장관을 상대로 한 공동 진정에 따른 것이다. 차제연의 진정에는 충남도민 304명과 열람 제한을 받은 도서 『걸스 토크 Girls' Talk』(시공주니어, 2019)의 이다 작가가 피해자로 이름을 올렸다.

차제연은 수년 전부터 성평등·성교육 도서에 대한 검열 사태를 주목하고 인권위 진정을 포함하여 여러 가지 대응을 해 왔다. 도서 검열 사태는 2020년 여성가족부가 성평등 아동 도서 및 문화 확산을 위해 '나다움 어린이책'을 선정하고 배포하자, 일부 학부모, 종교 단체 등이 국회의원

---

* 변호사, 무지개행동 공동대표, 차별금지법제정연대 집행위원.

을 앞세워 해당 책들이 '조기 성애화', '동성애자 미화'를 초래한다며 공격을 하면서 촉발되었다. 문제는 여성가족부에서 책을 회수하겠다고 밝힌 것이다. 혐오에 분명하게 선을 긋지 않고 오히려 동조한 정부의 결정은 성평등이라는 당연한 가치를 훼손하였고, 보수 단체들에게는 자신감을 안겨 줬다.

그 뒤 2023년에는 충남, 충북 지역 공공 도서관에 성교육·성평등 도서를 폐기하거나 열람·대출을 제한하라는 민원이 제기되기 시작했다. 쏟아지는 압박에 못 이긴 일부 도서관에서 점차 관련 도서들이 사라졌다. 이 과정에서 역시 국가와 지자체는 오히려 혐오에 동조했다. 김태흠 충남 도지사는 도의회에서 "해당 도서의 열람을 제한하도록 조치했다."고 발언했다. 사태는 전국으로 번졌고 2024년 경기도에서는 학교 도서관에서 한강 작가의 소설을 비롯한 2,528권의 도서가 폐기되는 일까지 벌어졌다.

보수 단체들은 왜 갑자기 성평등·성교육 도서를 집중 공격 대상으로 삼은 걸까. 이들 단체가 차별금지법에 반대하고 성소수자 혐오 선동을 해 온 이들이라는 점에서 결국 그 근저에는 혐오와 차별이 깔려 있음을 짐작할 수 있다. 차별금지법 제정 반대, 포괄적 성교육 반대, 학생인권조례 폐지 요구, 그리고 도서 검열까지, 보수 단체들은 지속적으로 여성과 성소수자에 대한 혐오와 차별을 확산하여 왔다. "과도한 성 지식으로부터 아동·청소년을 보호해야 한다."며 마치 자신들이 아동을 보호하는 것처럼 주장하나, 실은 아동·청소년을 권리의 주체로 보지 않고, 학교 현장에서 성평등을 이야기하지 못하게 하는 것이 진정한 목적이다.

계속되는 혐오의 악순환을 끊어 내기 위하여 차제연은 우선 인권위 진정을 제기했다. 그 뒤 2년이 지나 나온 결정은 다소 늦은 감은 있지만 지자체의 책임을 분명히 하였다는 점에서 의의가 있다. 무엇보다 의미 있는 것은 성평등·성교육 도서는 검열의 대상이 될 수 없고 모든 시민이 자유롭게 도서관 자료에 접근하는 것이 곧 알 권리임을 명확히 했다는 점이다. 나아가 인권위가 명시했듯이 보호를 핑계로 성적 권리와 성 지식에 대한 알 권리를 박탈하는 것은 곧 기본권 침해임을, 충청남도는 물론 혐오에 동조한 다른 정부와 지자체도 명심해야 할 것이다.

인권위 결정에도 불구하고 아직 상황은 완전히 개선되지 않았다. 지난 10월 국정 감사에서 충남을 포함한 6개 광역 도시 도서관에서 여전히 성평등 도서가 열람 제한인 것이 알려졌다. 이제는 정부가 더 적극 나서야 한다. 문화체육관광부는 재발 방지 대책을 마련하고, 재출범한 성평등가족부는 과거의 과오를 시정하여 더욱 적극적으로 성평등 도서를 배포해야 한다. 무엇보다 혐오를 막고 평등을 실현할 차별금지법 제정이 절실하다. 성평등·성교육 도서가 학교와 공공 도서관에서 더 널리 읽히고 성평등이 온전히 실현될 때까지, 차별금지법제정연대도 계속해서 더 많은 활동을 펼칠 것이다.

오래된 위기, 새로운 아이들

-기후 위기와 어린이청소년SF

정재은*

클라이파이(Cli-Fi, Climate Fiction), 즉 '기후소설'이라는 용어는 2007년에 미국의 기후 활동가인 댄 블룸이 만들었다고 한다. 2007년은 어떤 해였을까? 우리나라에서는 황금돼지띠 출생자가 많았고, 미국에서는 아이폰이 처음 출시되었다. '기후 변화에 관한 정부간 협의체(IPCC: Intergovernmental Panel on Climate Change)'는 2007년에 발간된 제4차 보고서에서 지구 온난화가 의심의 여지가 없다고 밝혔다. 그리고 그 해에 IPCC는 기후 변화와 관련된 과학적 보고서를 꾸준히 발간해 온 노력을 인정받아 미국 전 부통령인 앨 고어와 함께 노벨평화상을 수상했다.

2026년에 만 19세가 되는 2007년 출생자들의 입장에서 생각해 보자. '기후소설'과 동갑인 그들이 어린이·청소년의 시기를 거쳐 어른의 문턱까지 다다르는 동안, 그들의 세계에서는 스마트폰이 언제나 존재했으며 지구 온난화는 명백하게 진행되고 있었다. 스마트폰도 기후 위기도 평생을 함께해 온 그들에게는 새로울 리가 없다. 2007년 이후에 태어난 어린이와 청소년들에게는 더욱 그렇다.

기후 변화를 다루는 소설인 기후소설은 'Cli-Fi'라는 생김새에서부터 'Sci-Fi(SF)'와 연결되지만, 모든 기후소설이 과학소설인 것은 아니다. 현

---

* SF동화작가, 어린이청소년SF연구공동체 플러스알파 회원, 『벙커 K』 기획위원.

재 우리에게 닥친 기후 변화 및 기후 재난을 다루는 기후소설은 오히려 리얼리즘 소설이라 할 수 있을 테고, 기후소설 중에서도 기후 변화가 벌어진 후의 미래 세상을 배경으로 하는 SF가 있을 것이다.

몇 년 전부터 내가 속한 '어린이청소년SF연구공동체 플러스알파'에서는 해마다 책으로 출간되는 어린이청소년SF 목록을 만들고 그중에서 '보슬비 SF 추천작'을 선정하는 활동을 하고 있다. 목록 만들기의 첫 단계는 '무엇을 SF로 볼 것인가.'이다. 그런데 특히 기후나 환경 위기를 다룬 작품들이 SF인지 아닌지 고민되는 경우가 있다. 예를 들어, 분명히 비가 철철 내리는 근미래가 배경이지만 모든 상황이 현재와 닮은 경우가 있다. 그런 경우 과학적 상상을 바탕으로 하는 SF가 아니라 현실 경험을 바탕으로 하는 리얼리즘 소설처럼 느껴진다.

기후 SF의 배경이나 제재로 쓰이는 폭염, 폭우, 극심한 가뭄, 태풍, 빙하 녹음, 해수면 상승, 물 부족, 산불, 바이러스와 감염 질환 등은 이미 우리의 경험 영역 안에 있다. 이미 IPCC 보고서와 2007년생이 배워 온 교과서에 등장한 현상들이며, 따라서 그다지 SF적이지 않다. 작품 초반에 기후 변화와 기상 이변에 관한 내용이 등장하면 이어서 탄소 감축을 위해 에너지를 절약하라는 따위의 교훈 같은 게 따라 나올 것 같은 불길한 예감마저 들기도 한다.

태어났을 때부터 위와 같은 일들을 몸소 겪어 온 어린이와 청소년들에게 기후 위기를 다룬 SF가 경이감을 선사할 수 있을까? 기후 SF가 가능하긴 한가? 그냥 다 현재 이야기 아닌가? 스마트폰을 사용하는 장면이 없는 드라마나 웹툰이 가능하지 않은 것처럼, 모든 이야기들이 기후 위기 상황을 전제로 씌어지는 게 당연하게 여겨진다.

그래서 더욱 SF가 필요하다. SF는 기후와 환경 변화가 가져올 세계의 변화를 보다 적극적으로 상상할 수 있는 자유를 제공하니까. 우리는 SF를 통해 꿀벌이 사라진 시대에 만들어진 로봇 벌의 입장이 되어 볼 수 있고(『로봇 벌 알파』), 저 멀리 북극 영구 동토가 녹으며 퍼진 고대 박테리아로 인해 죽음의 위협을 느끼거나(『데스타이머』 중 「데스타이머」), 식물을 잘 키워 내지 못해서 낙제 위기에 처한(『식물 없는 세계에서』) 주인공들에게도 공감하게 된다.

이야기 속에서는 지구 사람들에게 조절된 날씨를 판매하기 위해 환경을 인공적으로 훼손한 기업체 토르사(『오로라2-241』), 지구 온난화를 해결하기 위해 날씨 기계를 만들어 상황을 악화시키는 과학자들(『2084 지구 난민』)처럼 기후 위기를 더 큰 위기로 만든 어른들 때문에 지구가 멸망해 버리고, 그러한 지구를 떠나야 하는 상황도 온다(『2084 지구 난민』, 『지구인은 205마크입니다』). 꼭 지구를 떠나지 않더라도 기후 위기가 삶의 터전을 확 바꿔 버리는 경우가 많은데, 노란 독성 이끼가 뒤덮이는 바람에 돔에서 살거나(『이끼밭의 가이아』) 아마존이 사라진 지구에서 지하 세계에 사는(『너의 초록에 닿으면』) 정도는 별것도 아니다. 환경 위기와 식량난을 극복하기 위해 하나의 신체를 요일별로 돌아가며 사용하는 '인간 7부제'에 의해 일주일 중 하루만 몸을 갖고 나머지 엿새 동안에는 가상 현실 속에서 생활하거나(『네가 있는 요일』), 아예 10퍼센트를 제외한 거의 모든 인류가 '리버뷰'에 마인드업로딩을 하는 경우(『창밖의 기린』)도 생긴다. 모두 SF라서 가능한 이야기들이다.

SF 속에서 어떤 아이들은 태어나 보니 서울 대부분이 물에 잠겨서 수몰된 곳에서 과거의 쓸 만한 물건을 건져 올리는 '물꾼'이 되고(『다이브』),

어떤 아이들은 기후 변화로 인한 재해가 잦아진 시대의 충청북도에서 재난 구호용 메카닉을 조종하는 조종사가 된다(『아현의 작동 방식』). 작품 속 아이들은 뒤바뀐 자연 환경 때문에 새로운 경험을 하게 되지만, 자신의 상황을 비관하지 않고 각자 할 일을 한다.

할 말도 한다. "당신들, 기후 재난이 뭔 줄 알아? 해수면 상승이 뭐 바닷물만 찰랑찰랑 높아지는 건 줄 알지?"(『내 정체는 국가 기밀, 모쪼록 비밀』 중 「소녀 농부 깡지와 웜홀 라이더와 첫사랑 각성자」), "그 사람들은 어쩌자고 죽을 때까지 다 입지도 쓰지도 못할 물건을 그렇게도 많이 만들었을까. 그럴 거면 천년만년 살았어야지. 그렇게 쌓아 두고 죽어 버리지 말았어야지."(『2100년 12월 31일』 중 「아무 날도 아니어서」)와 같은 말들은 지금보다 혹독한 미래 환경을 살아가는 SF 속 아이들이 현재의 어른들에게 들려주는 일침이다. 그런데 그들은 불만을 토로하는 데서 그치지 않는다. 21세기의 깡지는 22세기의 웜홀 라이더 미노와 음식을 나눠 먹고(「소녀 농부 깡지와 웜홀 라이더와 첫사랑 각성자」), 눈이 사라진 21세기 마지막을 치열하게 살아가는 루이와 솔은 수십 년 전에 '마켓2050'을 만들어 미래를 위한 한 걸음을 뗀 유지안을 알게 된다(「아무 날도 아니어서」). 과거와 미래의 연대가 아이들의 손길로 이루어지는 것이다.

IPCC가 인간 활동에 의한 기후 변화를 처음 보고한 게 지난 세기인 1990년이니, '기후 위기'라는 말이 나온 지 수십 년이 되었다. 누구든 그 말에 무뎌지는 것도 당연하다. 심화되는 이 위기와 평생을 함께하는 어린이, 청소년들이 위기에 익숙해지기보다는 깨치고 나아가기를 바란다. 그래서 기후 위기를 낯설고 별나고 괴상하게 그리는 어린이청소년SF가 많아지면 좋겠다. 그 안에서 꿋꿋하고 씩씩하면서도 세심하고 날카롭게

새로운 삶을 살아나가는 아이들을 만나고 싶다.[*]

*   이 글에서 언급한 작품들은 2022~2025 보슬비 SF 예비후보작에 포함된 어린이청소년SF 중 기후 위기를
    배경으로 하거나 이와 관련된 것들임을 밝힌다.

이 글에서 소개한 책

『로봇 벌 알파』(이귤희 글, 최정인 그림, 그린애플, 2022)

『데스타이머』(전성현 글, 사계절, 2022)

『식물 없는 세계에서』(김주영 글, 우리학교, 2024)

『오로라2-241』(한수영 글, 바람의아이들, 2022)

『2084 지구 난민』(송정양 글, 김상욱 그림, 이지북, 2023)

『지구인은 205마크입니다』(조은오 글, 사계절, 2025)

『이끼밭의 가이아』(최영희 글, 씨드북, 2023)

『너의 초록에 닿으면』(배미주 글, 창비, 2024)

『네가 있는 요일』(박소영 글, 창비, 2023)

『창밖의 기린』(김유경 글, 홍지혜 그림, 위즈덤하우스, 2025)

『다이브』(단요 글, 창비, 2022)

『아현의 작동 방식』(박한선 글, 씨드북, 2024)

『내 정체는 국가 기밀, 모쪼록 비밀』(문이소 글, 문학동네, 2023)

『2100년 12월 31일』(길상효 외 글, 우리학교, 2022)

지금 어린이책이 말하는 돌봄, 그 너머

김유진*

돌봄은 어린이의 권리였다. '취약함'을 지닌 어린이에게는 돌봄이 필요하다. 가족 안에서 따듯하고 안전하고 충만한 돌봄을 제공하되 어린이의 주체성을 침해하지 않는 방식. 어린이책은 그걸 보여 주었다. 하지만 오늘날 어린이책에서는 그 너머를 이야기하기 시작했고, 더 너머를 이야기해야 할 것 같다.

오늘날 돌봄 담론은 취약함이 모든 살아 있는 존재들의 근원 성격이기에 모든 존재는 돌봄을 필요로 한다고 말한다. 누구든 돌봄이 필요하다는 건 누구나 돌봄을 해야 한다는 뜻이기도 하다. 지금까지는 양육, 가사, 간병 등 돌봄노동이 여성에게 우선적으로 부과되는 방식으로 성별 불평등하게 이루어졌지만 말이다. 또한 돌봄 논의는 '돌봄노동'의 성평등, '돌봄노동'의 사회화와 아울러 현 사회 체제를 비판적으로 성찰하며 새로운 체제를 모색하는 '돌봄 체제'로의 구상까지 확장된다. 이러한 때에 오늘날 어린이책에서 돌봄은 어떻게 드러나는가.

---

* 아동문학평론가, 동시인, 『오늘의 어린이책』 편집위원.

어린이의 권리이자 수행인 돌봄

『오늘의 어린이책』 1~4권에서는 성평등한 돌봄노동을 말하는 어린이책을 다수 찾아볼 수 있다. 어린이책인 만큼 돌봄노동 중에서도 특히 어린이의 생활과 밀접한 가사와 양육의 현장을 비춘다. 그림책『고양이 손을 빌려 드립니다』,『우리 아기 좀 보세요』,『당근 유치원』은 각각 가사, 가정 양육, 공동 보육에서 성별 구분 없이 돌봄노동이 이루어지는 장면을 담고 있다. 동화에서도 어느 한두 작품을 예시로 들며 언급할 필요가 없을 정도로 이제 어린이 생활 주변의 성평등한 돌봄노동 재현은 창작의 기본값이 되었다.

어린이책의 이러한 경향은, 한국 소설이 2016년 '강남역 살인 사건'과 '#문단_내_성폭력' 말하기 운동 직후 여성주의 의제에 집중하는 가운데 "젠더화된 착취로서의 돌봄노동*"을 쟁점화하던 방식에 비해 비교적 온건하며, 현실을 비판하기보단 지향점을 제시하는 방식을 선택한 것으로 볼 수 있다. 또한『딸에 대하여』,『자두』,『당신 엄마가 당신보다 잘하는 게임』,『이달의 이웃비』 등 소설이 여러 돌봄노동 중에서도 노인 간병 이슈를 가장 뚜렷하게 전면화한 점과도 비교할 만하다.

알츠하이머병에 걸린 아버지를 말하는 그림책『나의 작은 아빠』에서 볼 수 있듯 외국 어린이·청소년책에서는 돌봄이 필요한 존재로 종종 노인이 등장하지만, 우리 어린이책에서는 아직 드문 편이다. 하지만 이제

---

* 조연정,「'자기 돌봄'과 '서로 돌봄'이 교차하는 자리: 최근 소설에 나타난 싱글 중년 여성과 '돌봄'의 문제」,『비평포럼: 키워드로 읽는 2020년대 한국문학』(문학과지성사, 2025) 수록.

어린이 독자에게는 돌봄의 권리를 일깨워 주는 데서 나아가 돌봄으로 구성되는 사회상을 조망하게 하고, 돌봄을 실천하도록 이끄는 책 또한 필요할 듯싶다.

그런 시선에서 볼 때 청소년소설 『페퍼민트』는 영케어러(young carer)를 부각시키는 동시에 상호돌봄으로 구성되고 유지되는 인간 존재와 사회를 돌아보게 하는 의미가 있다. 그림책 『물이 되는 꿈』과 동화집 『바람을 가르다』에 등장한 장애가 있는 어린이는 네 옆의 그에게 어떤 돌봄을 줄 수 있으며, 어떤 꿈을 함께 꿀 수 있는지를 보다 구체적으로 생각하도록 이끈다. 그림책 『손으로 말해요』에서 가장 인상 깊은 장면은 엄마와 아빠가 평등하게 자녀들을 돌보듯 자녀들도 서로 우유 따르는 걸 도우며 어린이가 힘닿는 한 타인을 돌보는 장면이다.

가족 바깥 공동체로 확장되는 돌봄

어린이책이 담을 수 있는 돌봄이 부모 두 사람의 성평등한 돌봄노동만은 아닐 것이다. 『해방자 신데렐라』는 계모로부터 부여된 억압적인 가사 노동을 탈바꿈시켜 신데렐라가 요리를 통해 자기 역량을 성장시키고 지역 사회와 교류하며 궁극적으로는 전쟁 고아들을 돌보는 이야기로 다시 쓴 책이다. 여기서 가사 노동은 다른 노동보다 열등하게 취급되지 않으며, 가족을 넘어선 사회적 전망을 갖는다.

이금이 작가의 『밤티 마을 마리네 집』은 1994년 출간된 『밤티 마을 큰돌이네 집』을 시작으로 『밤티 마을 영미네 집』과 『밤티 마을 봄이네 집』세 권 시리즈로 구성된 스테디셀러의 후속작이다. 첫 권이 출간된 지 30년 만에 나온 『밤티 마을 마리네 집』은 계모의 정성 어린 돌봄으로 새로운 가족을 일구어 나가는 기존 시리즈의 세계관에서 한 걸음 나아 간다. 이주민 가정의 어린이 마리, 중년의 마리 엄마와 비혼인 영미, 노 년의 영미 엄마 사이의 중첩된 관계망은 가족과 세대를 넘어선 여성 연 대로, 지역 공동체를 새로운 돌봄의 지대로 만든다. 가족 안에서 위태롭 던 돌봄이 지역 공동체를 통해 안전과 결속을 획득하는 장면은 김중미 의 『느티나무 수호대』에서도 마주한 바 있다. 가족 범주 바깥에 자리하 는 여성 공동체의 공동 양육과 돌봄은 이금이 작가의 『알로하, 나의 엄 마들』과 『슬픔의 틈새』에서 또한 확인된다.

이처럼 최근 어린이·청소년책은 가족 내 돌봄노동의 성평등을 넘어 돌봄의 지대를 가족 바깥 공동체까지 확장시켜 돌봄을 말한다. 국내에 서도 인기 있는 베스트셀러 작가 클레어 키건이 소설 『맡겨진 소녀』, 『이 처럼 사소한 것들』에서 가족 바깥에 내던져진 어린이에 대한 돌봄을 환 기하는 방식도 그러하듯 오늘날 문학에서는 어린이에 대한 돌봄을 사회 로부터 보장받아야 할 어린이 인권이나 복지만은 아닌 모든 어린이에게 응당 지녀야 할 어른 시민의 책임으로 말하고 있다. 청소년시집 『보란 듯이 걸었다』가 학교 밖 청소년, 미혼모와 미혼부 등 가족 제도나 사회 제도에 속하지 못한 청소년의 목소리를 재현한 작업과도 연결시켜 볼 수 있겠다.

이처럼 돌봄의 가치와 돌봄 책임을 이야기하는 어린이책을 더 만나고 싶다. "남성과 여성, 부유한 사람과 가난한 사람, 독립적인 사람부터 의 존적인 사람까지 모든 사람은 민주주의 테이블에 마주하고 앉아서 돌봄 책임을 정치적 의제로 협상해야 한다.[*]" 그럼에도 우리 사회에서 돌봄 노동은 젠더를 비롯해 경제 여건이나 인종에서 약자성을 지닌 이들에게 저임금으로 떠넘겨진다. 여성주의의 고민은 이 지점에까지 이른다. '외국인 가사관리사 시범 사업'이나 '외국인 요양보호사 양성대학 지정' 등 육아와 간병이 경제적으로 취약한 외국인 여성에게 저임금으로 전가되는 상황이 제도적으로 가속화하는 상황에서 어린이책은 지금보다 더 다양한 이야기를 할 수 있을 것 같다.

기후 위기 시대의 돌봄

돌봄은 모든 생명의 취약함 때문에 발생하는데, 정작 돌봄노동은 사회 경제적으로 취약한 정체성을 지닌 이들이 담당하고 있다는 아이러니는 어떻게 전환될 수 있을까. 이러한 전환은 흔히 '돌봄 체제'라고 이야기되듯 인간 사회의 시스템과 문명의 역사를 근원적으로 성찰하고 재구성하는 일이 될 듯하다. 이때 돌봄은 인류세에 파괴된 지구와, 기후 위기로 고통받는 비인간 존재들과 새로운 관계를 맺는 행위로 확장된다. 최근에는 '기후 돌봄'이라는 용어로 "기후 위기로 인해 삶 또는 자기 실현이 어려워진 인간/비인간 약자들, 기후 재난 상황에 처해 취약해진 인간/비인간 존재들을 돌보는 일[**]"을 명명하자는 제안도 나왔다. "전 지구

---

[*]   조안 트론토, 『돌봄 민주주의』(김희강·나상원 옮김, 박영사, 2024) 12p.
[**] 신지혜 외, 『기후 돌봄: 거친 파도를 다 같이 넘어가는 법』(한신대 생태문명원 기획, 산현글방, 2024) 17p.

적 기후 위기와 기후 재난의 파고를 넘고 문명을 유지한다는 중차대한 사회적 과업을 돌봄 개념과 접합시키며, 어쩌면 돌봄 개념으로 수렴해서 인식할 필요가 있다."는 것이다.

이러한 배경으로 팬데믹 이후 한국 시에서는 인간 주체 중심의 장르 전통을 선회하는 비인간 주체들이 등장하고 이 지점이 중요하게 해석되고 있다. 김초엽, 천선란의 SF에서 청소년 주인공을 등장시켜 기후 위기를 서사화하는 경향이 있듯 어린이·청소년책에서 기후 위기는 주로 청소년 독자 대상의 국내외 SF에서 가장 빈번하게 만나 왔다. 또한 동화로는『왜왜왜 동아리』를 손꼽을 수 있다. 한편 그림책에서는『판판판 포피 포피 판판판』,『알리트』,『그늘 안에서』처럼 기후 위기로 인한 종말론적 상황을 연상하게 하는 작품은 물론이고『밖에 나가 놀자!』,『내 친구 지구』,『플라스틱 섬』,『워터 프로텍터』역시 지구 돌봄, 비인간 존재 돌봄의 맥락에서 해석될 수 있다.

청소년소설『너의 오른발은 어디로 가니』는 '돌봄 소설집'이라는 제목에서 드러나듯 앤솔러지 기획 의도가 분명한 책으로 현재 어린이·청소년책에서 돌봄이 어떻게 인식되고 재현되는지를 미루어 보기에 적당하다. 이 작품집에서는 장애인(「녹색 광선」), 치매 노인(「가방처럼」) 돌봄이나 면역 질환(「샤인 머스캣의 시절」)처럼 현재 돌봄 담론에서 논의되는 이슈를 담은 작품이 있는 한편, 작품이 말하는 우정이나 연대를 돌봄과 연결해 볼 만한 지점이 선명하지 않은 작품도 있다. 이는 오늘날 돌봄의 의미가 고정되어 있지 않으며 계속 새롭게 발견되어야 한다는 반증으로 보인다.

돌봄이 모든 존재의 취약함을 수용하는 데서 시작되고, 약자로서의 정체성을 가진 이들에게 지금처럼 떠넘겨지지 말아야 한다고 여긴다면 결국 돌봄은 다양성(diversity)의 과제를 다시 상기시키고 있다고 본다. 우리가 지금까지 실천을 궁구해 온 다양성의 윤리는 곧 취약한 이들을 위한 윤리이기 때문이다. 다양성이, 약자가 옳듯 강자도 옳다고 오용되는 관념이 아니라 소수자 정체성이 차별받거나 억압받지 않고 평등하게 존중받아야 한다는 윤리임을 분명히 할 때 돌봄의 의미와 가치, 실천 방향이 새롭게 발견될 수 있을 것 같다. 성평등-다양성-돌봄의 고리를 연결하며 한 걸음씩 더 멀리 나아가는 세계를 더 많은 어린이책에서 확인하고 싶다.

이 글에서 소개한 책

『고양이 손을 빌려 드립니다』(김채완 글, 조원희 그림, 웅진주니어, 2017)

『우리 아기 좀 보세요』(폴리 카네브스키 글, 유태은 그림, 김지은 옮김, 창비, 2016)

『당근 유치원』(안녕달 글·그림, 창비, 2020)

『딸에 대하여』(김혜진 글, 민음사, 2017)

『자두』(이주혜 글, 창비, 2020)

『당신 엄마가 당신보다 잘하는 게임』(박서련 글, 민음사, 2022)

『이달의 이웃비』(박지영 글, 민음사, 2023)

『나의 작은 아빠』(다비드 칼리 글, 장 줄리앙 그림, 윤경희 옮김, 봄볕, 2023)

『페퍼민트』(백온유 글, 창비, 2022)

『물이 되는 꿈』(루시드 폴 노랫말, 이수지 그림, 청어람미디어, 2020)

『바람을 가르다』(김혜온 글, 신슬기 그림, 샘터, 2017)

『손으로 말해요』(조지 섀넌 글, 유태은 그림, 루시드 폴 옮김, 창비, 2019)

『해방자 신데렐라』(리베카 솔닛 글, 아서 래컴 그림, 홍한별 옮김, 반비, 2021)

『밤티 마을 마리네 집』(이금이 글, 한지선 그림, 밤티, 2024)

『밤티 마을 큰돌이네 집』(이금이 글, 한지선 그림, 밤티, 2024/2004)

『밤티 마을 영미네 집』(이금이 글, 한지선 그림, 밤티, 2024/2005)

『밤티 마을 봄이네 집』(이금이 글, 한지선 그림, 밤티, 2024/2005)

『느티나무 수호대』(김중미 글, 돌베개, 2023)

『알로하, 나의 엄마들』(이금이 글, 창비, 2020)

『슬픔의 틈새』(이금이 글, 사계절, 2025)

『맡겨진 소녀』(클레어 키건 글, 허진 옮김, 다산책방, 2023)

『이처럼 사소한 것들』(클레어 키건 글, 홍한별 옮김, 다산책방, 2023)

『보란 듯이 걸었다』(김애란 시, 창비교육, 2019)

『왜왜왜 동아리』(진형민 글, 이윤희 그림, 창비, 2024)

『판판판 포피포피 판판판』(제레미 모로 글·그림, 이나무 옮김, 웅진주니어, 2024)

『알리트』(제레미 모로 글·그림, 박재연 옮김, 웅진주니어, 2025)

『그늘 안에서』(아드리앵 파를랑주 글·그림, 신유진 옮김, 보림, 2025)

『밖에 나가 놀자!』(로랑 모로 글·그림, 이세진 옮김, 창비, 2019)

『내 친구 지구』(패트리샤 매클라클랜 글, 프란체스카 산나 그림, 김지은 옮김, 창비, 2020)

『플라스틱 섬』(이명애 글·그림, 사계절, 2025/2014)

『워터 프로텍터』(캐롤 린드스트롬 글, 미카엘라 고드 그림, 노은정 옮김, 오늘책, 2022)

『너의 오른발은 어디로 가니』(강석희 외 글, 돌베개, 2024)

다음 북 클럽

추천 도서

주체성

Q1 인물이 고정 관념에서 벗어나
자기 발견과 성장을 추구하나요?

Q2 인물이 타인에게 의존하지 않고
독립적으로 자아를 찾아 가나요?

Q3 인물의 개성이 성별 고정 관념으로 결정되지는 않나요?

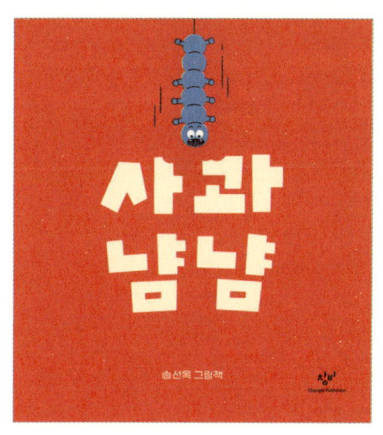

사과 냠냠

송선옥 글·그림
창비 | 20250630 | 한국 그림책
32쪽, 142×163mm(보드북) | 15,800원
ISBN 9788936429478

세상을 탐구하기 시작한 아기의 시선을 유머러스하면서도 다정하게 따라가는 그림책이다. 사과 한 알을 혼자 다 먹고 싶지만 가족들과 한 조각씩 나누면서 점점 줄어드는 사과의 양에 실망하다가, 조각배 모양으로 깎인 작은 한 조각을 물었을 때 완전한 만족감을 느끼는 애벌레를 통해 영아기의 심리 변화를 섬세한 리듬으로 전달한다. 특히 책의 물성을 적극적으로 활용해 읽는 즐거움을 확장한다. 정중앙에 놓인 새빨간 사과가 책장을 넘길 때마다 사라지고 반대 페이지로 이동하는 구성은 페이지를 넘기는 행위 자체를 즐거운 놀이로 만든다. 읽고 넘기고 따라 하며 즐기는 과정 자체가 놀이가 되어, 아기와 양육자에게 새콤달콤 풍성한 경험을 준다.

#아기책 #사과 #애벌레 #놀이책

안 돼!라고 하면 안 돼?

엘레나 레비 글, 세르주 블로크 그림, 양혜경 옮김
나무말미 | 20250417 | 이탈리아 그림책
40쪽, 228×292mm | 17,000원
ISBN 9791191827545

　"안 돼!"라는 말을 일상으로 들으며 자라는 어린이들이 느낄 서운함을 역사 이야기로 형상화한 재치와 스케일이 즐겁다. '안 돼'는 '금지'의 단어이다. 어린이가 좋아하는 상상 속 괴물의 모습으로 표현된 '안 돼'는 우리를 가로막는 금지가 여러 문화에 존재했음을 드러낸다. 역사적으로 확장된 "안 돼!"의 감각과 경험은 웅장하고 힘이 넘친다. 전제 군주의 폭정에 맞서 "안 돼!"라고 외친 굶주린 시민들의 용기가 프랑스 대혁명을 이끌었고, 백인에게 버스 자리를 양보하지 않은 '로자'의 "안 돼!"는 인종 차별에 맞서 사회 진보를 앞당겼다. 동시에 작가는 '안 돼'가 필요한 순간도 있음을 말하며 안전의 관점도 놓치지 않는다. 사회 진보를 가져오는 힘이 무엇인지, 금지에 맞서는 용기가 왜 필요한지 직관적으로 느끼게 하는 그림책이다. 절제된 그림에 적절하게 배치된 문장이 어린이들을 철학적 사고로 이끈다.

#안돼　#금기　#반대　#차별　#인권

너는 어떻게 보여?

김은진 글·그림
글로연 | 20250624 | 한국 그림책
52쪽, 172×172mm | 17,600원
ISBN 9791193279090

　나의 조심성 많은 성격이 친구들에게는 답답하게 느껴지고, 언제나 열심히 하는 내 모습이 짝꿍에게는 욕심쟁이로 보인다. 나의 장점이 다른 사람에겐 단점으로 보일 수도 있고, 단점은 장점이 되기도 한다는 관계의 중요한 원리를 어린이 생활 속 여러 상황으로 보여 준다. 이 그림책은 관계 맺고 있는 사람의 위치와 관점에 따라 다르게 보이는 자신을 돌아보고 입체적인 자아상을 형성할 수 있도록 돕는다. 접힌 책장을 펼치기 전 다른 사람이 나를 어떻게 볼지 예상하며 책과 소통하는 능동적 독서 경험을 할 수 있다. 생동감 있는 선으로 표현된 다양한 빛깔과 익살스러운 표정의 어린이 모습은 보는 재미를 더한다. 이 중 나와 비슷한 성격을 가진 어린이는 누구일까? 친구들은 나를 어떻게 볼까? 나는 친구들을 어떻게 보고 있을까? 묻고 답하며 읽다 보면 나 자신과 친구를 이해하고 포용하는 힘이 자라날 것이다.

#개성　#다양성　#관계　#시선　#자기이해

폭풍 속으로

브라이언 플로카 글, 시드니 스미스 그림, 김지은 옮김
책읽는곰 | 20250822 | 미국 그림책
56쪽, 203×280mm | 17,000원
ISBN 9791158365509

폭풍이 몰려오기 직전의 바닷마을, 두 아이는 엉뚱하게도 바다로 향할 계획을 세운다. 자갈길과 헛간, 숲을 지나 아이들은 마침내 거친 파도와 하늘, 단단한 바위를 마주한다. 목적지에 도착했음에도 아이들은 묻는다. "이쯤에서 돌아갈까? 아니면 조금 더 가 볼까?" 그리고 "계속 가 보기로" 한다. 목표를 향해 나아가는 탐험이라기보다 두려움과 호기심을 시험하는 과정에 가까워 보인다. 아이들은 손을 꼭 잡고 "돌아갈까?" 생각이 들 때마다 다시 "계속 가 보기로" 한다. 천둥이 울리고 비바람이 몰아치자, 아이들은 비로소 집을 향해 달린다. 엄마 품에서 숨을 고르는 장면이 모험의 끝이자 시작이다. 아이들이 향한 곳은 바다 그 자체가 아닌 예측도 감당도 할 수 없는 폭풍 속이었음을 알 수 있다. 이 책은 어린이가 자연 앞에서 느끼는 경이와 전율을 정면으로 그린다. 도시에서 자연과 거리를 두고 살아가는 어린이들 또한 몰아치는 글과 그림을 따라가다 보면 한바탕 깊은 모험을 함께 마친 기분을 얻게 될 것이다.

#바닷마을 #폭풍 #자연 #모험 #성장

모두의 인류 진화사:
인류학자가 찾은 선사시대 여성들

마르타 유스토스 글,
디에고 로드리게스 로브레도 그림, 김지애 옮김
씨드북 | 20250717 | 스페인 어린이교양
48쪽, 280×320mm | 21,000원
ISBN 9791160517323

인류의 400만 년 역사를 과학 삽화 전문가의 다채로운 그림과 여성 고고학자의 꼼꼼한 설명으로 엮은 지식 그림책이다. 원제 『Femina Sapiens』(여성 인류)는 고고학의 역사를 전복적으로 해석하는 평등의 관점을 드러낸다. 이 책은 남자들의 분야였던 고고학의 한계를 인식하는 데에서 출발한다. 그림책에 표현된 인류의 모습을 살펴보면, 그동안 우리가 조상으로 배웠던 것은 모두 남성의 몸이었음을 깨닫게 된다. 인류의 생존과 번식은 축 늘어진 젖가슴과 두툼한 아랫배가 없었다면 결코 불가능했을 것이다. 이족 보행의 신화는 여성의 좁아진 골반과 연결된다. 작가는 진화의 나무에 여성을 위치시키고, 발견된 여성 화석을 따라 고고학의 역사를 전개한다. 남성 중심 학문이 우리에게 어떤 영향을 주었는지 따져 보며 읽는 것은 이 책을 제대로 즐기는 방법이다. 독자들은 아프리카에서 뻗어 나온 우리 모두의 조상을 떠올리며 현재의 성별, 인종별 구분이 무의미한 차별에 불과함을 깨닫게 될 것이다.

#고고학   #인류   #진화   #여성

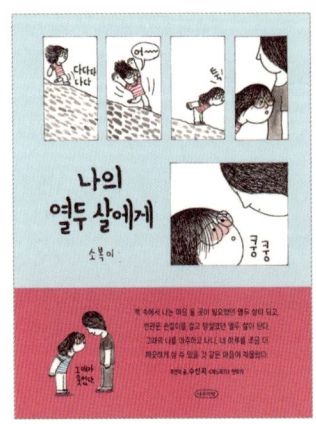

나의 열두 살에게

소복이 글·그림
나무의말 | 20250630 | 한국 만화
336쪽, 153×210mm | 19,800원
ISBN 9791198860569

　열두 살은 어떤 나이일까. 우리는 열두 살 경험을 어떻게 기억하고 있나. 소복이 작가가 자신의 그 시절 풍경을 소환해서 들려주는 사춘기 이야기다. 열 살만 넘어도 사춘기 성장통을 겪기 시작하는 요즘 못지않게 그 시절 열두 살도 꽤 진지하다. 웃지 않는 엄마의 뒷모습을 보며 어떻게 하면 엄마를 웃게 할 수 있을까 고민하고, 죽음을 떠올렸다가도 바로 고개를 젓는 열두 살. 좋아하는 음악을 닳도록 들으며 짝사랑하는 이를 떠올리는 열두 살. 이들은 어른과 아이 사이 경계에서 사는 존재이다. 경계에 사는 존재는 누구나 불안하다. 불안하여 외롭고 슬프고 고통스럽다. 그런 의미에서 사춘기는 사회적 소수자의 체험과 인식을 하게 되는 특별한 시절이기도 하다. 일상의 소소한 순간을 섬세하게 포착하는 현미경 시선을 장착한 작가 특유의 감성이 열두 살 사춘기를 그리는 데 참 잘 어울린다. 매일 흔들리고 매일 성장하는, 고속 성장의 사춘기 시절을 관통하고 있는 모두의 어깨에 작가의 위로가 전해지기를 바란다.

#자아　#성장　#열두살　#사춘기

안젤로와 안제오

최나미 글, 정문주 그림
문학과지성사 | 20250812 | 한국 동화
208쪽, 152×212mm | 15,000원
ISBN 9788932044309

'착한 아이'라는 이름 뒤에 가려진 주체성의 문제를 다루는 동화다. 옳고 그름을 가늠하기 전, 관계 속에서 어떻게 자신을 지켜야 할지 묻는다. 6학년 교실에는 안제오라는 이름 대신 천사 '안젤로'로 불리는 아이가 있다. 제오는 학급에서 일어나는 여러 문제에 나서 아이들 사이를 중재하는 해결사다. 누구의 부탁에도 응하고 갈등을 잠재우는 데 능한 제오는 '착한 아이'라는 평가를 얻지만, 정작 자신이 무엇을 원하는지는 모른다. 어떤 상황에서는 가해자이고 다른 순간에는 피해자가 되는 제오 주변의 아이들은 저마다의 이유로 제오에게 자기편에 설 것을 요구한다. 선의를 바탕으로 하더라도 스스로가 굳건하지 않으면 결국 자기 보호의 힘을 잃게 된다는 사실을 제오는 관계 속에서 서서히 깨닫는다. 이 책은 학교 폭력을 다루면서도 선과 악을 단정하지 않고 판단의 여지를 독자에게 남긴다. 지금 당장 마침표를 찍지 않아도 괜찮다고, 어린이에게는 많은 물음표를 품고 탐구할 권리가 있다고 말하는 듯하다.

#관계 #책임감 #자존심 #우정 #학교폭력

슬픔의 틈새

이금이 글

사계절 | 20250815 | 한국 청소년소설
448쪽, 128×188mm | 18,500원
ISBN 9791169813839

동시대 한국 아동청소년 문학의 대표 작가 이금이의 최신작이자 '일제강점기 여성 디아스포라 3부작'의 완결편이다. 전 세계를 무대로 펼쳐졌던 첫 역사 소설 『거기, 내가 가면 안 돼요?』(사계절, 2016), 사진 한 장에 결혼을 결심하고 하와이로 떠난 여성들의 일대기를 다룬 『알로하, 나의 엄마들』(창비, 2020)에 이어 1940년대 사할린 강제 이주 조선인, 특히 여성들의 고통 어린 여정과 찬란한 생명력을 담고 있다. 주인공 단옥은 격동의 세월 속에서 '타마코'와 '올가'가 되기도 했지만, 마침내 '주단옥'이라는 자기 정체성을 지키며 춥고 사나운 땅 사할린을 삶의 터전으로 일궈 내는 강인한 인물이다. 이름과 국적이 바뀌는 80년 세월 동안 조국에 배신당하면서까지 온몸으로 역사를 살아 낸 사할린 한인들의 모습이 주단옥과 주변 인물들에 겹치며 깊은 울림을 준다. 특히 역사적 사실과 시대상을 생생하게 되살려 낸 이금이 작가 특유의 탁월한 스토리텔링이 독자들을 그 시대 한복판으로 빠져들게 한다.

#디아스포라 #일제강점기 #사할린 #징용 #민족

삼각뿔 속의 잠

임희진 글, 나노 그림
문학동네 | 20241108 | 한국 동시집
120쪽, 153×200mm | 12,500원
ISBN 9791141607951

표제시 「삼각뿔 속의 잠」의 화자에게는 여러 가지 잠자리 의식이 필요하다. "책상을 정리하고, 서랍을 꼭 닫고/소리 나는 시계를 방에서 추방하고,/창문을 꼭 잠그고, 커튼을 치고, 이불도 반듯이 펴고, 불을 끄고, 안대를 하고" 나서야 비로소 눈을 감을 수 있다. 그러고도 밤사이 몇 번이나 눈을 뜬다. 지금까지 동시에서 이렇게 예민한 화자는 거의 만난 적이 없는 것 같다. 동시의 화자는 대개 밝고 명랑했으며 때로 섬세할지언정 이 정도는 아니었다. 새로운 화자의 탄생, 즉 새로운 어린이의 발견이라 할 만하다. 이 어린이 화자로 동시는 새로워진다. "길어 올릴 수 없을 만큼/깊은 우물 속에 있는 상처"(「우물 안」)를 이야기하고 싶어 하고, "이름 없는 슬픔"(「모르겠어」)을 감지하고 반추한다. "나를 다 못 찾을 것만" 같아서 무섭다고 고백하며 "나에 대해 몇 가지나 알아야 퍼즐이 완성될까요?"(「퍼즐」)라는 질문으로 자아를 성찰한다. 고백하고 성찰하는 어린이 화자의 탄생이 우리 동시에서 당분간 계속 보일 것 같다.

#자아 #고백 #성찰 #동시 #여성어린이

나 우는 연기 잘하지

김승일 글

창비교육 | 20250828 | 한국 청소년시집
132쪽, 145×210mm | 11,000원
ISBN 9791165703608

　　2015년 시작해 10년을 맞은 '창비 청소년 시선' 51번째인 청소년시집이다. 김승일 시인은 첫 시집 「에듀케이션」(2012, 문학과 지성사)에서부터 줄곧 진술의 언어를 사용했듯 이 시집에서도 청소년에게서 직진하는 진술로 지금까지와 다른 청소년시의 새 장을 연다. 이미지, 비유, 상징 같은 시의 형식은 거추장스럽다는 듯 벗어던진 청소년 화자의 진술은 놀라울 정도로 솔직하고 담대하다. 청소년 화자가 들려주는 이야기는 구체성을 지닌 동시에 보편성을 확보하기까지 한다. 청소년 화자는 청소년 독자에게 말하는 듯하다. 거짓으로 연기하며 너 자신을 속이지 마. 네가 평생 너여도 괜찮아. 자신을 속이지 않고 정직하게 들여다볼 수만 있다면 충분해. 그 정직함이 너에게 친구를 만들어 줄 거야. 외톨이로 만들지 않고 타인과 세계로 데려다줄 거야. 오래도록 정직함으로 자신을 만들어 온 시인의 언어가 그걸 몸소 증명하며 청소년을 부르고 있다.

#청소년시　#청소년　#진술　#성장

어린이는 멀리 간다

김지은 글
창비 | 20250523 | 한국 에세이
220쪽, 125×205mm | 16,800원
ISBN 9788936448943

어린이와 청소년 당사자들의 입장을 누구보다 예민하게 전하고 정확히 대변하는 아동문학평론가 김지은은 어린이가 세계와 투쟁하며 성장하는 독립적인 존재임을 힘주어 이야기한다. 어린이는 "어른이 잃어버린 낙원"이나 "순정한 천사들의 고향" 같은 존재라서 사랑받고 보호받아야 하는 게 아니라는 것이다. 이 책은 현재 우리 사회에서 어린이와 청소년을 둘러싸고 있는 첨예한 쟁점들에 대해 어른들이 어떠한 책임과 윤리를 가져야 할지를 풍부한 사례와 날카로운 통찰로 일깨워 준다. 어른보다 더 멀리 갈 존재들인 어린이의 관점을 배우고 존중할 때 성인·남성·비장애인 중심적인 지금의 세계가 조금씩 변화할 수 있을 것이므로.

#어린이   #존중   #책임   #연결   #성장   #비판정신

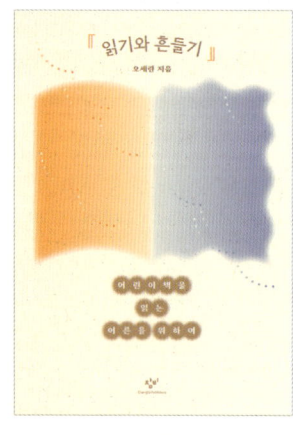

읽기와 흔들기:
어린이책을 읽는 어른을 위하여

오세란 글
창비 | 20250912 | 한국 서평집
296쪽, 128×188mm | 18,000원
ISBN 9788936449254

2020년대 아동청소년 문학의 성취를 짚어 낸 평론집으로, 어린이청소년 문학 전문 잡지『창비어린이』편집위원 오세란의 최신 비평들을 모았다. 동화와 동시, 그림책, 그래픽노블에 이르기까지 다양한 장르를 다루며, 작품이 지닌 문학적 실험과 시대적 의미를 읽을 수 있다. 4부로 나뉜 책은 문학 속에서 재현되는 어린이와 청소년의 마음을 섬세하게 포착한다. 어린이의 기쁨과 슬픔이 서사화되는 방식, 기존의 틀에서 벗어난 어린이의 언어가 어떻게 구현되는지를 비평의 언어로 새롭게 접근했다. 단지 작품을 해석하는 데 그치는 게 아니라 지금, 그리고 미래에 필요한 이야기가 무엇인지 되묻는다. 읽기를 통해 "그동안 믿던 세계가 흔들리"는 경험을 원하는 평론가의 마음이 느껴지는 대목이다. 우리나라 창작 아동청소년 문학을 다룬 평론만으로 구성되어 있다는 점 역시 의의를 지닌다. 특히 소수자 문학에 대한 비평이 상대적으로 부족했던 아동청소년 문학에서 작품을 둘러싼 논의의 지평을 넓힌다.

#아동청소년문학   #평론   #어린이책   #소수자성

몸의 이해

나랑 뽀뽀하고 싶어?

아니타 레만 글, 카샤 프라이자 그림, 서현주 옮김
다그림책 | 20250328 | 영국 그림책
40쪽, 200×270mm | 16,800원
ISBN 9791198960139

어린이의 신체적 경계와 의사 표현을 존중하는 태도를 또렷하게 보여 주는 그림책. 어른이 어린이에게 쉽게 요구하는 스킨십 중 하나인 '뽀뽀'를 소재로 친근함이라는 이름 아래 놓치기 쉬운 감정을 섬세하게 짚는다. 주인공 '엠마'는 다섯 살 하고도 오 개월 된 어린이다. 엠마는 냄새로 사람을 구분한다. 엄마에게서는 눈 냄새가, 아빠에게서는 꿀 냄새가 난다. 이 둘과의 뽀뽀는 즐겁다. 하지만 가끔 집에 오는 손님과의 뽀뽀는 하고 싶지 않다. 할머니, 이모, 삼촌에게서 나는 냄새가 반갑지 않아서다. 이 책이 분명히 하는 지점은 이유의 타당성이 아니다. 냄새 때문이든, 설명할 수 없는 감각 때문이든 중요한 것은 엠마가 그것을 원하지 않는다는 사실이다. 이 책은 어린이의 눈높이에서 자신의 마음을 인식하고 표현하는 과정을 담백하게 보여 준다. 거절을 무례함이 아닌 소통의 한 방식으로 제시하며, 어른에게는 멈추고 묻는 태도의 중요성을 일깨운다.

#경계 #존중 #스킨십 #거부 #소통

넌 어떻게 보이니?

빅토르 벨몬트 글·그림, 용희진 옮김
미래아이 | 20250320 | 스페인 그림책
48쪽, 230×280mm | 18,000원
ISBN 9788983949721

책 안의 모든 페이지가 같은 구도로 이루어진 독특한 그림책. 중앙에 놓인 커다란 직사각 식탁을 둘러싸고 강아지 포함 12명의 대가족이 둘러앉아 있다. 같은 가족, 같은 장면이지만 각 구성원의 눈에 보이는 방식은 사뭇 다르다. 색맹인 주인공의 눈에는 파란 식탁이 보랏빛으로 보인다. 아기 동생의 눈에는 모든 사물과 사람이 너무 커다랗게 보이고, 옛날 도트게임을 좋아하는 아빠 눈에는 모든 풍경이 픽셀아트처럼 보인다. 시력을 잃어가는 할머니 눈에 보이는 사람들은 부옇게 초점이 흐려졌지만 하나같이 다 예뻐 보인다. "사람들은 모두 자기만의 '안경'을 쓰고 세상을 바라봐요. 그 안경으로 보는 것이 곧 그 사람의 세상이죠. 누가 보는지에 따라 세상은 다르게 보여요." 타인에 대한 이해와 공감의 첫걸음인 '역지사지'의 개념을 시각적으로 탁월하게 풀었다.

#시각 #색맹 #차이 #개성 #역지사지

얼굴은 시

줄리 모스태드 글·그림, 제닝 옮김
나는별 | 20250417 | 미국 그림책
48쪽, 248×292mm | 20,000원
ISBN 9791188574681

작고 갸름한 얼굴형, 잡티나 주름 없이 희고 탄력 있는 피부, 선명한 눈매, 날렵한 콧대, 풍성한 머리숱…. 미의 기준이 강박적일 만큼 촘촘한 우리나라에서는 외모에 조금이라도 색다른 점이 있으면 '이상한' 사람으로 취급받는다. 대중 매체에서 보여 주는 천편일률적인 외모가 아니라 각자에게 고유한 아름다움을 보고 느끼고 생각하도록 해 주는 그림책은 그런 점에서 소중하고 의미가 있다. 이 책은 온 우주를 담고 있다고 해도 과언이 아닐 다양한 얼굴과 눈·코·입, 주름, 흉터 같은 크고 작은 요소들을 상상력 풍부한 글과 함께 보여 준다.

#개성 #독창성 #관찰 #변화 #자아긍정 #자아존중감

나의 속도

이진경 글·그림
이야기꽃 | 20250602 | 한국 그림책
40쪽, 250×248mm | 17,000원
ISBN 9791192102382

달리기 행렬 속에는 한 사람 한 사람이 다 다른 물방울처럼 섞여 있다. 남자, 여자, 어른, 아이, 느린 사람, 빠른 사람 등 각양각색의 달리는 사람들의 표정 속에는 두려움, 용기, 열정, 강인함처럼 여러 감정이 담겨 있다. 실제로 달리는 사람이기도 한 작가는 다양한 몸의 형태와 균형을 생생하게 그려 달리기의 감각을 일깨운다. 삶을 달리기에 비유할 때 가장 중요한 건 자신만의 속도라고 말한다. 남과 비교하지 않고, 경쟁하지 않고, 자기만의 호흡과 속도를 찾아낼 때 달리기의 재미를 깨닫는다. 마침내 완주를 마친 주인공의 표정에서는 달리는 기쁨이 고스란히 느껴진다. '나의 속도'를 찾는 일이란 삶을 살아가는 방법이자 나를 사랑하는 일로 이어질 것이다.

#달리기   #자기만의속도   #움직임   #응원   #용기

엄마가 병원에 간 날:
어린이를 위한 암 이야기

다니엘라 로하스·이사벨 바예스 글,
소피 알렉산드라 트레거 그림, 김정하 옮김
다봄 | 20250820 | 칠레 그림책
40쪽, 210×265mm | 15,000원
ISBN 9791194148364

암에 대한 이해를 돕고 환자와 그 가족에게 따스한 위로가 되는 그림책이다. 엄마가 암에 걸린 주인공 어린이의 마음을 따라가면서 암이라는 질병과 항암 치료 과정을 알 수 있으며, 무엇보다 암 환자와 가족이 처한 상황과 심리 상태에 관해 이해할 수 있다. 큰 병에 맞닥뜨리면 당사자인 환자도, 돌보아야 하는 가족도 불안감과 혼란에 빠진다. 특히 돌봄의 대상인 어린이들은 더더욱 취약해지기 쉽다. 하지만 큰 어려움도 잘 알고 대비하면 좀 더 단단한 마음으로 헤쳐 나갈 수 있으며, 어쩌면 가족이 서로를 더욱 소중히 여기고 아낄 수 있는 전화위복의 계기가 될 수도 있다. 이 책을 쓴 필자들은 '정신종양학' 분야에서 일하는 임상심리학자와 전문의로, 암이 신체뿐 아니라 정신에도 영향을 미치는 점에 주목하여 환자의 치료와 관리에 대한 심리적 측면을 다루는 전문가들이다.

#암 #병 #정신종양학 #환자가족 #돌봄

사랑해 그리고 기억해

빅터 D. O. 산토스 글, 안나 포를라티 그림, 신수진 옮김
초록귤 | 20250926 | 미국 그림책
56쪽, 210×270mm | 15,500원
ISBN 9791167553409

나이가 들어 몸에 손상이 오는 것은 자연스러운 과정이라고 생각하면서도, 지적인 능력과 인지 능력이 사라진다면 더 이상 인간적 존엄을 지킬 수 없는 것이 아닐까 걱정하게 된다. 이 책은 그런 순간이 오더라도 우리가 누군가와 맺었던 관계만큼은 사라지지 않으며, 사랑과 돌봄의 기억은 또 다른 관계 속에서 삶을 지탱해 주는 힘이 된다는 메시지를 따스하게 전한다. 글작가 빅터 D.O. 산토스는 자신을 혼자 길러 준 어머니를 떠올리며 『사랑해 그리고 기억해』를 썼다고 한다. 돌봄을 받았던 아이가 자라서 다른 누군가의 몸과 마음을 보살피는 자연스러운 돌봄의 순환, 앞선 세대의 기억과 유산이 자신을 이루는 일부임을 깨달아 가는 3대에 걸친 시간이 담겨 있다.

#노화 #치매 #뇌인지증 #몸의변화 #질병 #돌봄

어느 날 문어가 되어 버린 내 친구

표지율 글·그림
한울림스페셜 | 20251120 | 한국 그림책
40쪽, 188×260mm | 19,000원
ISBN 9791191973235

병으로 인해 달라진 아이의 모습을 '문어'로 은유하며, 친구의 곁을 지키는 주인공을 통해 우정의 힘에 대해 말한다. 달라진 모습이 창피한 아이에게 주인공은 든든하고 다정한 말을 건넨다. 매끈한 머리는 귀엽고, 없어진 눈썹은 그리면 되고, 가발과 모자를 많이 쓸 수 있으니 오히려 멋지다고 말한다. 맛있는 걸 함께 먹지 못해도 친구가 먹을 수 있는 걸 먹으면 된다. 작가는 자전적인 이야기를 바탕으로 진정한 친구의 모습을 상상하며 쓰고 그렸다. 만약 같은 상황이나 병으로 힘든 어린이가 있다면 이 책이 또 다른 친구가 되어 줄 것이다. 또 힘든 상황에 놓인 누군가에게 어떤 위로와 용기를 전할 수 있을지 생각해 보면 좋겠다. 어린이의 목소리로 전하는 진솔한 말과 행동 하나하나 따뜻하게 느껴진다.

#소아암 #우정 #친구 #위로 #응원

외계인 탐사대의 지구인 보고서

에바 솔라슈 글, 로베르트 챠이카 그림, 이지원 옮김
원더박스 | 20251030 | 폴란드 어린이교양
76쪽, 240×300mm | 23,000원
ISBN 9791192953625

인간의 본질과 일상, 우리가 발 딛고 선 사회와 역사를 가상의 존재인 '외계인'의 시선으로 재해석한 논픽션 그림책이다. 인간의 DNA가 바나나와 50%나 일치한다는 황당한 사실부터, 2040년이면 인류가 만든 것들의 무게가 지구 생물량의 세 배에 이를 것이라는 경고까지, 데이터를 그림으로 표현한 인포그래픽이 포착한 인간과 지구의 현주소가 매우 적나라하다. 피부, 눈, 털, 키, 몸무게 등 우리 몸의 구성을 진화생물학적으로 탐사하고 젠더, 짝, 장애, 종교, 언어, 환경 등 복잡한 사회경제적 이슈를 아우르는 제삼자의 냉철한 시선은 날카롭고도 풍자적이다. 광활한 우주 속에서 잠시 머물다 가는 아주 작은 존재인 호모 사피엔스. 지금 우리가 지구와 자신을 위해 무엇을 해야 할지 고민하게 만드는 유머러스한 안내서.

#호모사피엔스 #몸구조 #행동 #다양성 #지구

말라야 예쁘다면서요?:
청소년 섭식장애의 모든 것

김윤아 글, 이다 그림
현암주니어 | 20250605 | 한국 청소년교양
136쪽, 148×210mm | 14,000원
ISBN 9788932376547

　청소년 섭식장애를 둘러싼 심리와 사회 구조를 정면으로 바라보는 책이다. 청소년 당사자의 경험과 상담 현장의 생생한 목소리를 바탕으로, 섭식장애를 개인의 의지나 식습관 문제로 단순화하는 것이 아니라 끊임없이 비교하고 평가하는 사회의 시선 속에서 청소년이 어떻게 상처 받는지를 차분히 짚어 나간다. 지금 느끼는 고통이 이상한 것이 아니라는 위로를 건네며, 현실적인 질문지와 체크리스트 등을 통해 섭식장애를 겪는 당사자가 자신을 능동적으로 돌아보고 다시 한번 일상을 살아 낼 수 있도록 돕는다. 몸에 대한 폭력적인 기준 속에서 흔들리는 청소년과 그 곁에서 무엇을 해야 할지 고민하는 어른 모두에게 꼭 필요한 질문을 건네는 책이다.

#섭식장애　#신체이미지왜곡　#외모품평　#외모지상주의

일의 세계

Q6 인물이 성별 차이 없이 다양한 영역에서
　　활동하나요?

Q7 인물이 성별 차이 없이 다양한 지위에서
　　동등한 역할을 하나요?

Q8 여성 인물의 노동을 본인, 가족, 동료,
　　사회가 존중하나요?

우리 동네 청수마트

이작은 글·그림
이야기꽃 | 20250421 | 한국 그림책
48쪽, 212×294mm | 17,000원
ISBN 9791192102375

'청수마트'에서는 저마다 다른 사연을 가진 사람들이 일하고 있다. 정육 코너, 생선 코너, 채소 이모, 청과물 대리 등은 새벽부터 바삐 움직여 마트를 좋은 물건들로 꽉 채운다. 여기는 인심도 후하다. 사정이 딱한 아기 엄마에게 기저귀와 쌀을 외상으로 주고 배달도 해 준다. 온라인으로 장보기를 끝내는 시대에 이런 마트와 사람들이 있다고? 이 그림책에는 수년간 경기도 어느 동네의 마트 노동자로 일한 작가의 경험이 녹아 있다. '손가락이 굽고 무릎이 쑤셔도 백 살까지 내 힘으로 일하고 싶다.'라는 말에서 함께 부대낀 이웃의 일과 삶을 존중하는 작가의 마음을 읽는다. 작가의 눈에 비친 마트는 한 마을과도 같고, 일의 보람과 노동자의 소망이 살아 있는 곳이다. 부럽고 부럽다. 온라인 장보기의 폐해를 느끼면서도 놓여나지 못하는 시대라 더욱 그렇다. 작고 낮은 존재들을 따뜻한 시선으로 그려 나가는 작가를 응원하고자 만든 '김은미 그림책상' 첫 번째 수상작이다.

#노동 #직업 #일터 #동네 #정 #슈퍼마켓

첫차를 타는 사람들

김숲 글, 강혜진 그림
노란상상 | 20250501
한국 그림책
40쪽, 280×210mm | 16,800원
ISBN 9791193074718

"6411번 버스라고 있습니다."로 시작하는 고 노회찬 전 국회의원의 명연설이 화음을 입은 합창곡이 되고, '투명 인간'의 본 모습을 찾아 주는 그림책이 되었다. 첫차를 타는 사람들은 누구일까? 새벽부터 일터로 나서는 경비원, 조리사, 미화원, 택배 기사들이다. 어린이의 생활 공간인 학교, 집 주변에도 존재하는 필수 노동자들이다. 일상에서 매일 마주치지만 어떻게 불러야 할지 아무도 가르쳐 주지 않아 '아줌마', '아저씨'로 부르게 되는 사람들이다. 우리 사회에 꼭 필요한 존재들이지만 교과서, 책, TV는 이들의 이야기를 잘 보여 주지 않는다. 우리가 매일 마주하는 얼굴을 존중의 마음으로 호명하고 그들의 생생한 진짜 삶을 담았다.

#6411번버스   #필수노동자   #새벽   #첫차

발레가 좋으면

김윤이 글·그림
노란상상 | 20250915 | 한국 그림책
44쪽, 200×270mm | 16,800원
ISBN 9791193074909

　　발레를 좋아하는 아이는 발레 무용수를 꿈꾼다. 하지만 장래 희망이 꼭 하나여야 할까? 만약 또 다른 우주가 있고, 그 속에 또 다른 내가 있다면 어떤 선택을 하게 될까? 이 책은 평행우주 설정을 통해 발레를 둘러싼 다양한 직업들을 안내한다. 발레복 디자이너, 무대 연주자, 하우스 매니저, 문화 전문 기자, 무대 사진 전문가 등 여러 갈래의 선택지를 보여준다. 영화의 엔딩크레디트처럼 한 편의 공연을 만드는 무대 뒤 사람들을 모두 비추어, 불 꺼진 무대 아래 존재하는 마지막 인물까지 직업의 의미를 재조명한다. 각자의 자리에서 맡은 부분을 열심히 해내는 모두가 자기 삶의 주인공인 것이다. 어린이가 지닌 미정의 가능성을 응원하는 동시에 좋아하는 마음을 계속 지키고 꿈꿀 수 있게 만드는 책이다.

#발레　#직업　#꿈　#모두가주인공

해녀의 시간

꼼은영 글·그림
산책길 | 20241224 | 한국 어린이교양
56쪽, 225×300mm | 20,000원
ISBN 9791198527172

산소통 같은 공기 공급 장치 없이 맨몸으로 바다에 들어가 해산물을
채취하는 해녀는 우리나라에서 가장 오래된 여성 전문 직업인 가운데
하나다. 해녀들은 각자의 능력에 맞게, 오래도록 지속 가능한 방식으로
일해 왔으며, 무엇보다 서로의 안전을 살펴 가며 일하는 안전망과 특유
의 공동체 문화를 일구어 왔다. 해녀들이 직접 만들어서 쓰는 도구들에
는 상업적 어업 관행에서 벗어나 있는 해녀 공동체의 철학이 담겨 있다.
꼼은영 작가는 실제로 제주도 해녀 학교 훈련 과정을 수료하고, 해녀들
이 일하는 현장을 꼼꼼히 관찰하여 이 책을 완성했다.

#해녀 #물질 #해양문화 #공동체문화 #지속가능성

떡볶이는 언제나 옳다

정은정 글, 윤정미 그림
노란상상 | 20250225 | 한국 어린이교양
48쪽, 230×270mm | 15,000원
ISBN 9791193074671

떡볶이는 많은 여성들이 만들고 즐겨 온 음식이다. 산업화 시대에 도시로 온 가난한 여성들이 주로 떡볶이 포장마차를 열었고, 저렴한 가격에 포만감과 위로를 받을 수 있는 매력으로 주머니 가벼운 여학생들에게 널리 사랑받았다. 떡볶이와 어묵이 단짝이 된 이유, 밀떡의 탄생 배경, 노점상과 단속반 등 떡볶이라는 음식을 통해 한국의 경제사·문화사는 물론, 2대로 이어지는 여성 자영업자의 생활사까지 담아낸 알찬 정보책이다.

#한국현대사   #여성생활사   #자영업   #음식문화   #간식

천 장의 블라우스를 만들기 위해:
'세계 여성의 날'의 기원에 이어진 이야기

세레나 발리스타 글,
소니아 마리아 루체 포센티니 그림, 김지우 옮김
이온서가 | 20250321 | 이탈리아 어린이교양
48쪽, 200×300mm | 18,000원
ISBN 9791198156747

이주 여성 노동자, 파업, 시위대, 자본, 산업재해, 단결, 노동조합을 이야기하는 뜨겁고도 아름다운 그림책이다. 세상을 바꾼 여성 노동자들의 연대를 온몸으로 목도하고 기억하는 목소리가 울려 퍼진다. 페미니스트 정치가·교육가로 살아온 작가 세레나 발리스타는 서문에 '이윤만 추구하는 눈먼 자본주의로 인해 일하는 현장에서 목숨을 잃은 모든 희생자를 위하여' 이 책을 썼다고 밝힌다. '3·8 세계 여성의 날'의 기원이 된 뉴욕 블라우스 공장 화재 사건과 여성 노동자들의 단결을 섬세하고 장엄하게 보여 준다. 주인공 두 로즈는 끝까지 자본에 맞섰고 여성 최초로 노동조합에 가입했다. 우리는 로즈와 같은 시대를 건너고 있다. 2024년 한국에서 2,098명의 노동자, 114명의 이주 노동자가 일하다 죽었고(고용노동부 통계), 불탄 공장 옥상에서 고용 승계를 위해 600일의 고공 농성을 마친 여성 노동자가 우리 곁에 살고 있다. 먼 나라의 옛이야기가 아닌 지금의 우리 현실과 겹쳐 보여 더욱 긴 여운이 남는다.

#세계여성의날　#파업　#산업재해　#단결　#빵과장미

남극:
노토 탐험대와 떠나는 야생의 대륙

헬렌 스케일스 · 케이트 헨드리 글,
호몰루 지폴리투 그림, 이정모 옮김
찰리북 | 20250830 | 영국 어린이교양
80쪽, 250×310mm | 20,000원
ISBN 9791164521098

 남극은 전세계 50개 이상의 나라가 평화롭고 자유롭게 과학 연구를 할 수 있는 땅이다. 남극의 크릴과 조류 같은 생물은 온실가스의 주범인 이산화탄소를 흡수하는 데 큰 역할을 하고, 거대한 얼음으로 이루어진 남극 대륙은 지구의 기후를 지켜 주는 중요한 역할을 하고 있다. 남극 조약에 가입한 여러 나라에서 온 일곱 명의 과학자들은 남극빙어의 학명 '노토테니오이드'의 이름을 딴 연구선 '노토호'에 올라 남극 대륙과 섬 곳곳을 누빈다. 해양 생물학자, 조류학자, 해양 화학자, 데이터 과학자, 물리학자 등 다양한 분야 과학자들이 수행하는 실제 업무에 대해 알 수 있는 것은 물론, 지구의 환경을 지키는 방법에 대해 고민할 수 있게 해 준다.

#남극 #지구환경   #기후위기   #생물다양성

한 컷 쏙 경제사

윤상석 글, 박정섭 그림, 송병건 감수
풀빛 | 20250509 | 한국 어린이교양
132쪽, 150×200mm | 15,000원
ISBN 9791161726724

'경제'도 어려운데 '경제사'라니. 이런 생각을 한 적 있다면 이 책을 입문서로 권한다. 이 책은 어렵게 여겨지는 '경제'와 '경제사'를 어린이 청소년 눈높이 언어로 쉽게 풀고 재미있는 정보 그림으로 엮은 지식 정보책이다. 경제의 역사를 시간 순서대로 배열하여 설명하는 방식이 아니라 경제사의 중요 사건(장면) 60가지를 선정하여 핵심을 전달하면서도 역사적 흐름을 놓치지 않는 내용 구성이 특히 돋보인다. 각 주제를 한 면의 그림과 한 면의 서술로 편집 디자인하여 긴 글을 읽기 힘들어하는 어린이들에게 더 유용하다. 짧은 글이지만 절대 허술하지 않다. 어린이를 위한 인문학 전문 작가로 활동하는 저자의 깊이와 밀도를 갖춘 문장이 복잡한 내용을 단번에 쉽게 요약해 주는 선생님의 핵심 판서처럼 느껴진다. 짧은 글과 영상에 익숙한 10대들을 위해 정보의 이미지화를 꾀한 「한 컷 쏙」 시리즈 중 여덟 번째 권이다. 이 시리즈는 과학사, 수학사, 한국사, 세계사, 생활사, 발명·발견사, 예술사까지 총 8권이 발간되었다.

#경제 #문명 #세계사 #한컷

가족

가족의 모양

전미화 글·그림
창비 | 20241220 | 한국 그림책
40쪽, 200×285mm | 15,800원
ISBN 9788936429393

이야기는 표준국어대사전에 실린 '가족'의 정의에서 시작한다. '가족: 주로 부부를 중심으로 한, 친족 관계에 있는 사람들의 집단. 또는 그 구성원. 혼인, 혈연, 입양 등으로 이루어진다.' 건조하고 앙상한 사전적 정의를 뒤로한 채, 작가는 등장하는 어린이들이 몸소 경험한 '가족 됨'의 순간에 주목한다. 따뜻한 이불 같고, 함께 까르르 웃으며, 오래오래 같이 살고 싶은 사람. 나를 업어 주고, 계란말이를 두 개나 더 얹어 주며, 자꾸만 얼굴을 만지고 싶은 사람. 그런 가족들을 소개하는 어린이의 목소리마다 사랑이 묻어난다. 가족에 대한 고정관념과 편견을 깨는 이야기를 꾸준히 들려준 전미화 작가가, 이번 작품에서 담담하고 따스하게 어린이들의 생생한 육성과 표정을 독자에게 전달하고 있다. 형태는 달라도 사랑과 지지로 연결되어 서로를 이해하고 포용하는 관계야말로 가족의 본질임을 말한다. 뒷면지에 적힌 새로운 가족의 정의를 읽다 보면 어느덧 독자 또한 "가족은 그래요."라며 고개를 끄덕이게 될 것이다.

#다양성　#사랑　#지지　#이해　#포용

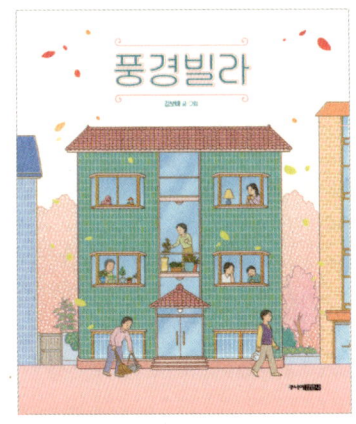

풍경빌라

김보배 글·그림
주니어김영사 | 20241223 | 한국 그림책
48쪽, 192×237mm | 15,000원
ISBN 9791194330851

불 켜진 집들의 창을 바라보며 한 번쯤 해보았음 직한 상상이 그림책이 되었다. 풍경빌라는 오래된 집이다. 주인집 내외가 신혼 때 장만한 집이라니, 30년은 훌쩍 넘었을 연립 주택에는 모두 여섯 가구가 산다. 이들은 저마다 다른 개성과 사연을 갖고 있다. 직장인 누이와 남동생, 택배 기사, 혼자 사는 할아버지, 비혼 여성, 엄마와 아들, 그리고 주인집 노인 내외. 저마다 다른 사연과 생활 리듬을 가진 사람들은 서로 간섭하지 않으면서 느리게 연결되어 있다. 주인집 할머니는 새로 이사 온 가구를 위해 떡을 찌고, 301호를 방문한 손주는 할아버지의 색동 이불을 덮고 잠들며, 새벽에 귀가한 택배 기사가 지친 몸을 누이는 집. 물리적인 공간이 따스한 위안을 건네는 장소가 되는 순간을 그림책은 세심하게 포착한다. 그곳에 시간이 흐르고 계절이 바뀌는 설정이 더해지며 이야기는 우리 인생사를 아우르는 지점까지 확장된다. 각자의 터전에서 자신만의 삶을 꾸리며 분투하는 우리 자신을 다독다독 격려한다.

#도시 #이웃 #삶 #공동체

시계탕

권정민 글·그림
웅진주니어 | 20250317
한국 그림책
56쪽, 235×215mm | 16,800원
ISBN 9788901293905

하루아침에 엄마가 시계로 변해 버렸다. 처음에는 잔소리쟁이 엄마가 조용해져서 좋았지만, 반나절도 지나지 않아 덜컥 걱정이 든다. 아이는 엄마를 고치기로 마음먹고 가방을 챙긴 뒤, 손수레에 '시계 엄마'를 싣고 홀로 집을 나선다. 길 위에서 어린이가 마주한 세상은 낯설고 무섭다. 험난한 모험 끝에 도착한 곳에는 고약한 인상의 시계탕 할머니가 기다리고 있다. 『엄마 도감』(웅진주니어, 2021)에서 전복적인 시선으로 육아 이야기를 그려 내 독자를 사로잡았던 권정민 작가는, 이번에도 아이의 시선을 통해 엄마의 고단한 일상과 양육 및 돌봄의 문제를 세밀하게 풀어 냈다. 시계탕에 몸을 담그고서야 겨우 눈 뜨는 엄마를 바라보는 아이의 표정에 옅은 미소가 어린 듯하다. 고장 난 엄마를 다독이며 기다리는 어린이의 의젓한 모습에서 주체적으로 생각하고 행동하는 단단함이 읽힌다. 루소, 마그리트, 달리 등 초현실주의 화가들의 그림이 오마주되어 보는 즐거움을 더해 준다.

#시간 #일상 #가사노동 #엄마 #돌봄

아홉 살 나린이의 옥상 텃밭

고영완 글, 이해정 그림
초록귤 | 20250627 | 한국 그림책
48쪽, 228×288mm | 15,500원
ISBN 9791167553263

나린이의 하교하는 발걸음이 가볍고 활기차다. 텃밭에서 키울 방울토마토 모종을 할머니께 내밀 생각을 하면 상장 받아 온 듯 기분이 으쓱하다. 나린이는 빨래 건조대와 장독대, 텃밭이 넉넉하게 들어찬 옥상 있는 주택에 산다. 능숙한 도시 농부인 할머니의 옥상 텃밭에는 이미 대파, 부추, 가지, 고추, 더덕, 배추가 나란히 줄을 지어 자라고 있다. 나린이의 방울토마토도 할머니의 고추 옆에 당당히 자리를 잡는다. 방울토마토를 쑥쑥 자라게 하는 것은 나린이만의 일이 아니다. 따듯한 햇빛, 나비와 지렁이의 관심, 때마침 내리는 빗방울, 참새의 노랫소리, 나린이가 물 줄 때 함께해 주는 강아지까지 모두 함께하는 일이다. 이 과정에서 어린이는 방울토마토의 성장이 한 해의 열매 얻기에서 끝나지 않고 대를 잇는 한살이로 이어짐을 배운다. 자연의 변화가 주는 생동감과 어린이의 돌봄이 맞닿은 사랑스러움이 입안 가득 방울토마토처럼 탁 터지는 그림책이다.

#생태 #텃밭 #방울토마토 #자연관찰 #도시농부

할머니의 이사

허아성 글·그림
길벗어린이 | 20250710 | 한국 그림책
48쪽, 200×200mm | 14,000원
ISBN 9788955828085

노년과 치매, 이별이라는 무거운 주제를 아이의 시선으로 풀어낸 그림책이다. 주인공 은비는 할머니와 함께 산다. 은비가 '가나다'를 배울 동안 할머니는 'ABC'를 배운다. 은비는 빠르게 자라지만 할머니의 영어 실력은 제자리에 머문다. 어느 날 할머니가 병원에 입원한 뒤로는 알고 있던 것마저 조금씩 잊어버린다. 불안해하는 은비에게 할머니는 "기억을 다른 데로 조금씩 옮기고 있다."고 말한다. 은비는 할머니의 변화를 퇴행이나 상실로 받아들이지 않는다. 자신을 알아보지 못하는 할머니에게도 영어로 인사한다. "하이." "굿 애프터눈, 그랜마." 은비는 미리 이별을 준비하거나 관계를 닫지 않는다. 이 순간에도 할머니와 새로운 기억을 쌓는다. 할머니가 무너지고 있는 것이 아니라 이사 중이라고 믿기 때문이다. 그 믿음은 은비를 통해 사실이 된다. 늙음과 죽음을 설명하거나 가르치기보다 아이가 감당할 수 있는 방식으로 받아들이게 돕는 책이다.

#할머니 #돌봄 #육아 #치매 #죽음

도봉이 그리기

이초혜 글·그림
이야기꽃 | 20250730 | 한국 그림책
32쪽, 188×230mm | 15,000원
ISBN 9791192102412

"도봉이 그리기는 좋아."라는 문장으로 시작되는 책은 한 존재를 향한 충만한 사랑의 밀도로 꽉 채워져 있다. 열두 살이 되던 때 무지개다리를 건넌, 이제는 세상에 없는 강아지 도봉이를 그리는 동안 화자는 다양한 감정을 마주한다. 설레고, 행복하고, 포근하고, 따스한 동시에 슬프고, 속상하고, 아득하고, 서글프다. '도봉이 그리기'는 도봉이가 없는 세상에 도봉이를 더 많이 채워 가는 일이다. '그리기'와 '그리움'은 한 글자 차이지만 뿌리가 같은 말이자 같은 행위다. 이별과 상실은 누구에게나 두렵다. 그러기에 슬픔을 올곧게 마주하는 애도의 시간을 알려 주는 이야기는 소중하다. 연필로 그려진 도봉이의 모습이 사진보다도 생생하게 느껴지는 건 작가의 사랑의 눈길 덕분일 거다. 어린이와 회복의 시간을 이야기하기 좋은 책이다.

#반려동물 #그리움 #죽음 #상실 #기억

우리 사이 햇빛

조은비 글, 국민지 그림
길벗스쿨 | 20250725 | 한국 동화
184쪽, 140×206mm | 15,000원
ISBN 9791174670199

엄마, 이모, 언니와 함께 사는 혜준은 여름 방학 일주일 동안 할머니 댁에 머물게 된다. 큰이모할머니가 돌아가신 뒤 부쩍 우울해하는 할머니가 걱정된다는 엄마의 간곡한 부탁 때문이다. 문제는 할머니가 별로 살갑지도 친절하지도 않은 사람이라는 점이다. 가고 싶지 않지만, 엄마를 거절할 수 없었던 혜준은 할머니와 무덥고 불편한 동거를 시작한다. 큰 갈등이나 자극적인 요소 없이 인물들의 관계를 세밀하게 포착해 어린이의 내면 성장을 그려 낸 점이 탁월하다. 일상의 부딪침 속에서 어린이는 가족이란 때로는 밉고 불편한 존재가 되기도 한다는 것, 그리고 갈등과 오해는 눈 녹듯 사라지는 게 아니라 침묵을 깬 진실한 대화로 풀 수 있다는 사실을 배운다. 서로를 알아 가려는 다정한 노력과 자기 중심을 지키는 단단한 마음이 만나야만 진정한 소통이 가능하다는 사실, 사람 사이 관계의 비밀을 깨닫게 하는 동화이다.

#가족   #할머니   #갈등   #이해   #소통

사회적 소수자

윌리가 보는 세상

두완린 글·그림, 정세경 옮김
스푼북 | 20250203 | 대만 그림책
48쪽, 210×285mm | 15,000원
ISBN 9791165815721

　　장애 어린이와 비장애 어린이 사이의 교감을 일상의 구체적인 장면들 속에 따스하게 담아낸 그림책이다. 주인공 애비의 집 맞은편에 또래 친구가 이사 온다. 반갑게 손을 흔들어도 반응이 없자 애비는 서운한 마음이 들지만, 다음 날 인사하러 온 윌리가 시각 장애인이라는 사실을 알게 된다. 이야기는 윌리가 세상을 어떻게 보고 느끼는지, 비장애인 화자인 애비의 시선을 통해 섬세하게 전달한다. 손끝으로 세상을 읽고 분위기로 마음을 알아채는 윌리의 모습은 애비에게 마치 마법사처럼 다가온다. 아름다움이나 슬픔, 사랑 같은 감정들까지도 자신만의 방식으로 느끼고 이해하는 윌리는 진정 마음으로 세상을 보는 아이다. 이 그림책은 '본다'라는 것이 곧 '안다'라는 것임을, 그리고 시각 정보에만 의존하는 '보기'가 얼마나 부분적인 앎인지를 일깨워 준다. 서로 다른 두 친구가 세상을 더 넓게 이해하며 함께 자라나는 과정을 사실적이면서도 포근하게 그려 낸 성장 이야기이다.

#장애인　#보다　#안다　#우정　#사랑

너랑 나랑 바람을 핥으면

피오나 카스웰 글, 위 룽 그림, 김여진 옮김
피카주니어 | 20250620 | 영국 그림책
32쪽, 240×275mm | 16,000원
ISBN 9791192869346

옆집에 사는 아이는 바람이 불어오면 혀를 내밀고 바람을 핥곤 한다. 옆집 아이 어머니의 제안으로 함께 바닷가로 놀러 간 두 아이는 각자의 방식대로 바다를 즐기다가, 돌아올 때가 되자 같이 혀를 내밀고 짭조름한 바닷바람을 핥는다. 자폐스펙트럼 장애가 있는 친구의 특성과 감정 표현 방식을 이해하고, 마침내 반 아이들 모두가 새로운 감각을 동원해 타인의 입장이 되어 보는 과정을 재미있게 그려 낸 작품이다.

#자폐스펙트럼　#감각훈련　#의사소통　#공감　#연대

두려움의 모양

키아라 메잘라마 글,
마리아키아라 디 조르조 그림, 제님 옮김
목요일 | 20250620 | 이탈리아 그림책
44쪽, 250×210mm | 17,000원
ISBN 9791198660978

두려움을 그릴 수 있다면 과연 어떤 모양일까? 실체를 알 수 없는 두려움은 거대하게 느껴진다. 이 책은 서로에 대한 '공포증'을 지닌 어린이와 비둘기의 시점이 교차되면서, 두려움이라는 감정을 극복해 나가는 과정을 담고 있다. 인간과 비인간의 시선을 균형 있게 배치함으로써 서로에 대한 폭넓은 공감과 이해를 그려 낸 점이 좋다. 보이지 않는 감정의 실체를 가늠하도록 돕는 섬세한 그림도 인상적이다. 두려움을 견디고 한 걸음 나아가 서로를 마주한 다음 자연스럽게 지나치는 장면은 서로를 알아가는 용기이자 동시에 길들이는 순간을 보여 준다. 오래된 탑과 운하, 골목길, 붉은 지붕과 굴뚝, 곤돌라 등 이국적인 베네치아의 풍경도 감정의 서정성을 더한다.

#두려움 #감정 #혐오 #공포 #이해

반달 씨의 첫 손님

안승하 글·그림
창비 | 20250723 | 한국 그림책
52쪽, 227×260mm | 15,800원
ISBN 9788936429485

　인간들이 분주히 움직이는 공원으로 나무 인형을 팔러 온 곰 반달 씨. 말도 통하지 않는 낯선 세계에서 밥벌이를 하자니 모든 것이 막막하지만, 먼저 와 있던 길고양이에게 물 한 그릇부터 내어 주는 따뜻한 마음을 지녔다. 길고양이와 서로 돌보며 살아가는 반달 씨에게 드디어 어린이 단골손님이 생기는데⋯. 마음의 벽이 허물어진 반달 씨는 방심하다가 그만 날카로운 발톱과 이빨을 들키고 만다. 반달 씨는 이곳에서 계속 장사를 할 수 있을까? 어린이와도 친구로 지낼 수 있을까? 이주 노동, 환대와 연대, 우정에 관한 멋진 은유가 담긴 그림책.

#이주노동　#비인간행위자　#환대　#관계맺기　#공감　#연대

기린 조제핀

클로에 알메라스 글·그림, 이정주 옮김
주니어RHK | 20250820 | 프랑스 그림책
32쪽, 165×165mm | 13,000원
ISBN 9788925573397

아기들은 반짝이는 눈으로 작은 것 하나도 자세히 들여다보고 감탄하는 데 뛰어난 능력을 가지고 있다. 기린 조제핀은 세상의 온갖 것을 탐험하고 시도하는 데 두려움이 없는 아기와 닮았다. 조제핀이 하늘, 풀밭, 나무, 구름, 돌 등 자연을 온몸으로 경험하는 과정을 따라가다 보면 한 뼘 자란 우리를 발견하게 된다. 한 장 한 장 넘길 때마다 대칭을 이루는 좌우 페이지가 등장하고, 각 장면은 다양한 자연을 담은 다음 장과 유기적으로 이어진다. 기대감을 유쾌하게 발현시키고 끝까지 집중하게 만든다. 조제핀이 세상과 교감하는 과정을 담은 글은 마치 한 편의 시와 같다. 아기책의 간결한 문장과 그림으로도 얼마나 깊이 있고 즐겁게 서사를 끌어 나갈 수 있는지 보여 준다.

#아기책 #기린 #다양성 #성장 #자연

별일 없는 수요일

곽윤숙 글, 릴리아 그림
샘터 | 20250825 | 한국 그림책
56쪽, 262×210mm | 17,000원
ISBN 9788946475038

새로 전학 간 학교 오가는 길에 아직 익숙해지지 못한 주인공은 버스를 타고 집으로 돌아가다가 내려야 할 버스 정거장을 지나치고 만다. 주인공은 학기 중간에 왜 갑자기 전학을 결심했을까? 한껏 주의를 기울였는데도 왜 버스 정거장을 놓쳤을까? 씩씩하게 자기 힘으로 문제를 해결하려는 주인공에게 승객들은 사려 깊은 도움의 손길을 내민다. 주인공의 비밀이 드러나는 결말에 가슴이 뭉클해진다.

#이동권　#배리어프리　#안전　#연대　#특수학교　#시각장애

체스 메이트

박지숙 글, 양양 그림
가나출판사 | 20250919 | 한국 동화
168쪽, 150×210mm | 14,500원
ISBN 9791168092150

체스 게임을 통해 경쟁과 패배, 사회적 편견을 다루는 동화다. 주인공 동주는 전국 어린이 체스 대회 우승자다. 어느 날, 체스를 배운 지 한 달 밖에 되지 않은 야스민이 등장해 동주를 이기고 단숨에 사람들의 관심을 받는다. 야스민의 부모는 전쟁을 피해 시리아에서 한국으로 온 난민으로, 한국에서 아이를 셋이나 낳았음에도 인도적 체류 허가만 받은 채 불안정한 삶을 이어 간다. 동주가 야스민에게 내뱉는 "너희 나라로 가란 말이야. 내 것 좀 뺏지 말고!"는 개인의 질투를 넘어 이주민을 향한 혐오의 시선을 드러낸다. 실력과 노력보다 출신과 배경이 먼저 평가되는 사회, 흑백으로 갈라진 시선 속에서 야스민은 흔들리지 않고 꿈을 키운다. 패배를 통해 진짜 승부를 배워 가는 동주, 차별 속에서도 꺾이지 않는 야스민, 남의 재능과 비교하지 않고 자신만의 길을 찾는 윤채는 체스판 위 64개의 칸을 오가며 지금의 판세가 전부가 아니라 말한다. 위기를 돌파할 어린이들의 묘수를 응원하게 된다.

#체스 #전쟁 #난민 #이주민 #경쟁

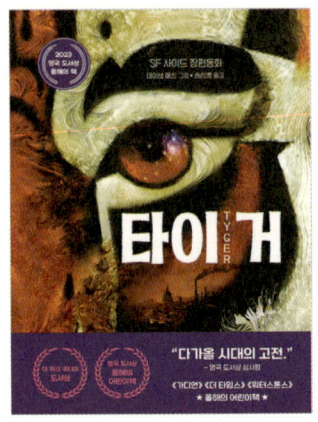

타이거

SF 사이드 글, 데이브 매킨 그림, 송섬별 옮김
책읽는곰 | 20250728 | 영국 청소년소설
340쪽, 152×210mm | 18,000원
ISBN 9791158365431

노예 제도가 여전히 존재하는 가상의 디스토피아를 배경으로 차별과 계급, 자유의 의미를 묻는 판타지 동화다. 주인공 아담 알람브라는 런던에서 태어났지만 부모가 중동 출신이라는 이유로 끊임없는 혐오와 차별을 겪는다. 그림을 그리고 싶다는 소망조차 허락되지 않는 사회에서 아담은 벽을 넘으려는 의지 대신 체념을 먼저 배운다. 어느 날 아담 앞에 타이거가 나타나 자유를 찾아 달라고 부탁한다. 타이거와 함께하는 여정 속에서 아담은 처음으로 자신이 '가늠할 수 없을 만큼 기적적인 존재'라는 걸 깨닫는다. 책은 자연스럽게 이야기 밖 현실을 떠올리게 한다. 제도는 사라졌지만 여전히 견고하게 남아 있는 계급과 차별, 그리고 그 격차를 유지하려는 힘 말이다. 이야기가 말하는 저항의 동력은 분노가 아닌 희망이다. 부당함을 인식하고 자기 안의 불꽃을 발견하는 순간 변화는 시작된다. 흑백으로만 구성된 데이브 맥킨의 그림이 런던의 현실과 디스토피아적 상상을 교차시키며 이야기의 긴장을 극대화한다.

#판타지 #중동 #이민자 #차별 #계급

이번 역은 서울역입니다

근하 글·그림
여섯번째봄 | 20250425 | 한국 그래픽노블
184쪽, 152×220mm | 15,000원
ISBN 9791170821182

한국 사회는 '인 서울'을 꿈꾸라고 말한다. 더 넓은 세상으로 나가기 위해, 새로운 기회를 잡기 위해, 희망을 품고 많은 이들이 대도시로 모인다. 대구에서 나고 자란 시영도 스무 살이 되자마자 서울로 향한다. 그러나 서울살이는 기대와 달리 '이방인'이라는 자신의 정체성을 확인하는 시간이다. 고시원, 지하철, 한강대교 등 도심 속 풍경이 채워지는 컷과 컷 사이에는 비서울권 청년, 소수자 등 비가시화된 존재들이 느끼는 현실의 무게가 담겨 있다. 도시라는 중심에서 살아남기 위해, 성공과 실패라는 선택지에서 시영의 이야기는 또 다른 갈래의 용기를 전한다. 실패하고 상처받는 경험이 나를 성장시킨다고. 자기 자리를 찾기 위한 이 서투른 성장담이 무사히 이번 역에 도착할 수 있기를, 벅찬 마음으로 응원하게 된다.

#비서울권   #지방인   #이방인   #정체성   #경계밖존재

주머니 쏙! 인권

김예원 글
노란상상 | 20250220 | 한국 청소년교양
132쪽, 128×188mm | 12,000원
ISBN 9791193074688

　사회적 소수자와 범죄 피해자들을 위한 수임료 0원의 변호사로 알려진 김예원 변호사가 어린이에게 다정하게 말을 걸어 온다. 「주머니 쏙!」 시리즈가 선택한 첫 번째 주제는 누구나 알고 있는 듯하지만 제대로 이해하고 있는지 확신하기 어려운, '인권'이다. 엄숙하게 느껴지는 이야기를 어린이들의 질문 20가지를 앞세워 일상적이며 친숙하게 풀어 가는 기획이 돋보인다. "사회적 소수자, 나와 상관 없는 사람들 아닐까?", "장애인끼리 모여 살고 따로 교육받으면 더 편하지 않을까?", "뭐든 공평한 게 좋은 거 아닐까?" 인권을 둘러싼 질문들은 직접적이고 예리해서 때로 독자를 불편하게 만들지만 동시에 성찰하게 하는 힘을 갖는다. 질문하는 법을 배우는 게 중요해지는 시대에 어울리는 구성이다. 주제마다 예시로 든 최근 사건들을 다룰 때의 서술은 전문적이면서도 친절하여 저자의 오랜 현장 경험이 세심하게 녹아 있음을 느낄 수 있다. 인권을 주제로 토의·토론을 할 때 참고 도서로 활용하기에 손색이 없다.

#인권　#소수자　#장애　#차별　#편견

표현

작은 죽음이 찾아왔어요

키티 크라우더 글·그림, 이주희 옮김
논장 | 20250110 | 벨기에 그림책
32쪽, 170×245mm | 15,000원
ISBN 9788984145344

제목부터 눈길을 끈다. 죽음이라니, 그런데 죽음을 작다고 할 수 있나. '삶과 죽음'이라는 익숙한 문구처럼 삶에 맞먹는 거대한 일 아닌가. 게다가 그림책 첫 장에서는 "죽음은 작고 상냥해요."라고 말한다. 하지만 그 사실을 아무도 모른다고. 그래, 죽음이 그러하다는 생각은 못 해 봤다. 그럼에도 죽음의 신을 상징하는 큰 낫을 들고 검은 옷을 머리부터 발끝까지 두른 죽음 캐릭터를 보면 작가가 말하는 죽음을 새롭게 받아들이게 된다. 이 책에서 죽음이 찾아가는 사람은 어른과 어린이 둘이다. 죽음이 먼저 찾아간 어른과 다음 차례에 찾아간 어린이는 각각 다르게 반응하며 죽음과 먼 길을 걷는다. 눈물을 흘리며 두려움에 떠는 어른 앞에서 죽음은 지쳐 보인다. 반면 침대맡에 불을 환히 켜고 죽음을 맞이하는 어린이와 죽음은 친구가 된다. 이제 더 이상 아프지 않고 편안하다고 말하는 어린이의 손에 들려 있는 나뭇잎은 죽음이 영원한 끝이 아님을 상징하며 어린이를 위로하는 듯하다.

#죽음   #병   #천사   #삶   #강

따로 또 같이 갈까?

브렌던 웬젤 글·그림, 김지은 옮김
올리 | 20250226 | 미국 그림책
48쪽, 279×228mm | 15,000원
ISBN 9791194246732

고양이 '벨'과 강아지 '본'이 함께 집으로 돌아가는 이야기다. 같은 길을 걷고 있지만 각자가 바라보는 시각과 경험하는 세계는 전혀 다르다. '따로 또 같이'라는 다름과 차이를 살피는 것이 이 책을 더 재미있게 읽어 내는 방법이다. 둘의 눈에 비친 사물의 모습도 다르고, 소리를 듣는 감각도 냄새를 맡는 방식도 다르다. 독자들은 고양이와 강아지가 본디 다른 존재라는 것을 그저 이해하면 된다. 차이를 받아들이면 둘의 여정이 훨씬 다채롭고 흥미롭게 느껴질 것이다. 강아지 본은 아크릴을, 고양이 벨은 색연필을 활용한 전혀 다른 표현 기법이 한 장면 안에 어우러지는 파격적인 형식을 선보인다. 다름에 대한 이해를 쉽고 간단하게 보여주면서도 자연스럽게 다양성의 세계를 긍정하게 만든다.

#다름과차이   #관점   #모험   #우정   #다양성

이세계 급식실

박규빈 글·그림
북멘토 | 20250425 | 한국 그림책
52쪽, 220×280mm | 18,000원
ISBN 9788963196367

드워프, 전사, 엘프, 드래곤은 이세계에서 일주일 넘게 전투를 벌이다가, 맛있는 냄새에 이끌려 어느 초등학교 급식실에 도착한다. 여느 아이들과는 눈에 띄게 다르게 생긴 이세계 친구들이지만 줄을 제대로 서기만 하면, 그리고 손을 잘 씻고 오기만 하면 똑같이 환대받는 곳이다. 지켜야 할 규칙들은 또 있다. 뜨거운 음식을 배식받을 때는 평소보다 더 조심할 것. 채소 반찬도 용기 내서 먹어 볼 것! 맛있는 음식을 먹고 나자 격렬히 전투를 벌이던 이세계 친구들도, 아옹다옹 다투던 현실 세계 친구들도 마음이 녹아내린다. 공적 공간에서의 평등과 환대에 관한 이야기이자, 퀴어한 존재에게 성원권을 인정하는 이야기로 읽어도 재미있겠다.

#포용 #환대 #평등 #평화 #편식

내가 만약에 말이라면

소피 블랙올 글·그림, 정회성 옮김
비룡소 | 20240429 | 미국 그림책
32쪽, 254×254mm | 15,000원
ISBN 9788949105635

아이는 들판 위를 자유롭게 뛰어다니고, 가고 싶은 곳은 어디든지 달려갈 수 있는 말이 되는 모습을 상상하며 하루를 보낸다. 말로 변한 아이의 눈빛과 표정에서는 온전한 즐거움이, 역동적인 몸의 움직임에서는 해방감의 카타르시스가 느껴진다. 이제 어린이에게 불가능은 없다. 진흙 바닥을 마음껏 뒹굴고, 옷을 입지 않아도 되고, 밤늦게까지 잠들지 않아도 된다. 규칙과 제약이 없는 상황은 오히려 자기 정체성을 올곧이 탐구하는 시간이 된다. 하나의 모습으로 규정되지 않으며 자신의 가능성을 무한으로 상상할 수 있는 것이다. 이 책은 자기 삶을 스스로 결정하는 어린이의 독립성과 성장에 관한 이야기처럼 느껴진다. 나는 과연 무엇이 될 수 있을지, 자신만의 '만약'을 상상하는 시간을 가져 보길 바란다.

#상상　#자유　#가능성　#자기다움　#자기결정

이런, 멋쟁이들!

김유대 글·그림
이야기꽃 | 20250131 | 한국 그림책
72쪽, 290×370mm | 38,000원
ISBN 9791192102337

때로는 책의 물성이 그 책의 모든 것을 대변하기도 한다. 이 책이 바로 그렇다. 웬만한 책장에는 꽂기 힘든 세로 37센티짜리 큼지막한 판형에, 페이지마다 화면을 가득 채우도록 수십 배로 확대된 딱정벌레가 눈길을 확 사로잡는다. 작은 존재를 귀하게 여기며 세밀하게 살피고, 감탄하며 찬사를 보내고, 조그만 세계를 확장하여 상상의 날개를 펼치는 어린이의 시선이 그대로 담겨 있다. 오랫동안 어린이책에 그림을 그려 온 김유대 작가가 산과 들에서 야영하다가 만나서 한눈에 반해 버린 딱정벌레를 개인 작업 삼아 전지에 그려 온 그림들이 이 그림책이 되었다고 한다. 힘차고 아름다운 색과 선, 그러면서도 장난기 가득하고 유쾌한 그림이 이 커다란 책을 더욱 친근하게 느끼도록 한다. 제3회 대한민국 그림책상 논픽션 대상을 받았다.

#딱정벌레 #커다란책 #관찰 #생태

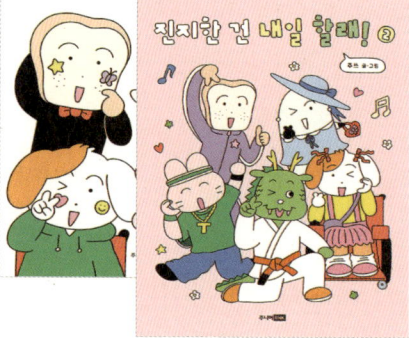

진지한 건 내일 할래! 1, 2

주쓰 글·그림 | 주니어RHK | 20250228
한국 그래픽노블 | 192쪽, 180×232mm
19,000원 | ISBN 9788925574059

주쓰 글·그림 | 주니어RHK | 20250330
한국 그래픽노블 | 200쪽, 180×232mm
19,000원 | ISBN 9788925573830

진지한 건 잠시 미루고 지금 당장 웃고 싶은 오늘의 어린이들이 주인 공으로 등장하는 그래픽노블. 각양각색의 성격과 매력을 지닌 인물들의 유쾌·상쾌·통쾌한 일상을 담고 있다. 주인공들이 토끼, 식빵, 유령, 강아 지 같은 캐릭터로 등장하고, 단편 만화 형식으로 가볍게 접근할 수 있어 전 연령대 누구나 즐길 수 있는 책이다. 학교는 물론 도서관, 편의점, 영 화관, 미술관 등 익숙한 일상 공간을 배경으로 모두가 공감하는 에피소 드를 이어 탄탄한 세계관을 구축하고 있다. 생긴 모습이 다르듯 서로의 다름이 당연한 세계를 보여 주며 조손 가정, 한부모 가정, 성소수자 부 모, 장애인 등 약자와 소수자를 그려 낸다. 2권부터는 이민자로 은유되 는 전학생을 등장시켜, 다양성은 우리 세계를 넓힌다는 다정한 믿음을 전한다. 다음 이야기를 기대하게 만드는 시리즈.

#오늘의어린이 #일상 #유쾌함 #재미 #다양성

젠더 다양성

Q18 다양한 젠더 정체성을 가진 인물을 긍정적, 입체적으로 보여 주나요?

Q19 성소수자에 관한 정확한 지식을 알려 주고 성소수자 인권을 지지하나요?

컵라면은 절대로 불어선 안 돼

김지완 글, 김지형 그림
문학동네 | 20250820 | 한국 동화
136쪽, 153×220mm | 13,500원
ISBN 9791141612306

흔히 아동문학에서 판타지는 어린이의 결핍으로 불거진 소망이 충족되는 장르라고 말한다. 그래서 많은 판타지가 결핍으로 상처받는 어린이에서부터 시작된다. 문제적인 지점은, 여전히 어린이의 결핍을 소위 '정상성'이 충족되지 못하는 상태로 그리는 점이다. 가족 해체로 상처를 받는다거나, 엄마가(아빠는 아니고 늘 엄마가) 일에 바빠 외롭다거나, 성적을 올려야 한다거나, 착한 어린이가 되어야 한다거나…. 판타지 형식의 단편 6편이 실린 이 동화집에서는 어린이의 결핍과 소망 충족이 다르게 제시된다. 어린이 주인공의 결핍은 '소수자성'에서 유래하며 이는 현실과 유리된 낭만으로 해결되지 않는다. 이주 배경, 다양한 성정체성, 희귀 질환(흔히 사용하는 의학 용어지만 대체할 단어를 찾고 싶다), 왜소한 신체를 자신의 정체성으로 지닌 어린이 주인공들이 소외를 넘어 존재를 긍정하는 과정을 보여 준다. 헛된 결핍과 소망을 말해 온 판타지들을 전복한다.

#외계인 #아나필락시스 #성정체성 #가상현실 #줄넘기

우리 반에도 있다

김현 글
낮은산 | 20250425 | 한국 청소년에세이
176쪽, 115×185mm | 12,000원
ISBN 9791155251799

황인찬 시인은 『도넛을 나누는 기분』(창비교육, 2025)에서 "내가 십 대였을 무렵, 나는 나의 것이 아닌 이야기에 마음을 기울여야만 했다. 청소년 퀴어를 위한 문학 작품이라는 것은 존재하지 않았으니까."라고 말한 바 있다. 퀴어함이 지워진 문학 속에서 스스로 퀴어성을 찾아내야 했던 세대의 고백이다. 이 책의 등장은 오늘의 퀴어 청소년에게 다른 가능성을 건넨다. 낮은산 청소년 에세이 시리즈 '해마'의 세 번째 권인 이 책에서 김현 시인은 퀴어로서 보낸 학창 시절과 현재의 일상을 과장하거나 서사화하지 않으며 솔직하게 풀어낸다. 『우리 반에도 있다』라는 제목은 "그런 사람, 우리 반에는 없죠?"라는 질문에 대한 단호한 대답처럼 읽힌다. 우리 반에도, 우리 주변에도, 어쩌면 바로 옆자리에 있지만 쉽게 드러낼 수 없었던 존재들에 대한 응답이다. 작가는 "나는 지금도 그런 사람으로, 산다."라고 말하며 살아 있음 자체가 찬란하다는 사실을 조용히 전한다.

#동성애   #자기고백   #학창시절   #시인   #퀴어

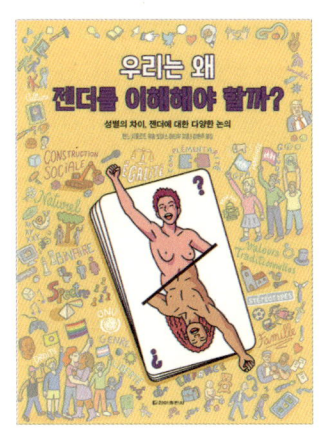

우리는 왜 젠더를 이해해야 할까?:
성별의 차이, 젠더에 대한 다양한 논의

안-샤를로트 위송 글, 토마스 마티유 그림, 강현주 옮김
청아출판사 | 20211115 | 프랑스 청소년교양
92쪽, 183×257mm | 18,000원
ISBN 9788936811891

　'젠더'라는 주제는 섹슈얼리티, 성정체성, 동성애, 동성 간 결혼, 성교육, 대리모 문제에 이르기까지 민감한 문제들을 다루기 때문에 격렬한 반발을 불러올 때가 많다. 우리나라에서도 '나다움어린이책'을 둘러싼 논쟁이 대표적인 사건이었으며, 이와 비슷한 일들은 2010년대 이후 '젠더 이데올로기'라는 왜곡된 이름으로 지칭되며 전세계적인 양상으로 나타나는 중이다. 왜 젠더라는 말은 어느 곳에서든 이토록 받아들여지기 힘들까. 젠더는 결국 성평등, 민주화와 관련된 문제로서 정치적인 성격을 띨 수밖에 없으며, 소수자뿐 아니라 모두의 인권을 탄압하는 권력에 맞서는 문제이기 때문일 것이다. 쉽고 간단하지 않은 내용을 만화와 더불어 조목조목 알기 쉽게 해설해 주는 젠더 연구 분야의 대중서이다.

#젠더연구　　#젠더의사회적구성　　#포괄적성교육

사회적 인정

Q20 인물에 관한 평가와 보상의 기준이
성별 차이 없이 적용되나요?

Q21 여성 인물의 사회적 기여를 현실적으로 보여 주나요?

두 팔 활짝 벌리고

안토니오 루비오 글, 마리아 히론 그림, 문주선 옮김
작은코도마뱀 | 20250120 | 스페인 그림책
40쪽, 195×290mm | 15,000원
ISBN 9791193534175

학교에는 다양한 머리 모양, 피부색, 언어, 이름을 지닌 어린이들이 있다. 어떤 이름은 너무 낯설어서 어떻게 불러야 할지 모르지만, 아이들은 서로의 눈을 맞추고 입술이 말하는 소리를 읽고 또 읽으며 불러 준다. 다른 모습, 문화, 역사를 지니고 있지만 아이들은 서로를 이해하려 노력한다. 어떠한 편견도, 차별도, 배제도 없이 함께 하늘 위를 날고, 바다를 넘어갈 수 있다는 믿음의 노랫소리가 교실을 가득 채운다. 책을 읽고 나면 표지 속의 떡갈나무가 다시 보인다. 수백 년을 사는 동안 누구나 자유롭고 편안하게 머무르도록 두 팔을 활짝 벌린 떡갈나무처럼 학교에는 모두를 위한 자리가 있어야 한다. 한 명 한 명 이름이 호명되며 마주하는 열 명의 어린이 얼굴들이 마음에 오래 머무른다.

#다양성   #연대   #평화   #학교   #모두를위한자리

조선 최고의 요리 연구가 장계향

신혜경·한민혁 글, 김병하 그림
보리 | 20250310 | 한국 어린이교양
60쪽, 160×210mm | 9,000원
ISBN 9791163143963

맛에 민감하고 한식의 위상이 남다른 요즘, 주목할 만한 역사 인물로 장계향이 있다. 그가 지은 『조선디미방』에는 146가지에 달하는 우리 요리법, 그중에서도 경북 양반가의 정갈한 조리법이 살뜰하게 담겨 있다. 장계향은 1598년 경북 안동에서 태어나 자랐다. 그는 시와 글, 그림과 서예에 모두 뛰어난 여성이었지만, 당시 조선 사회의 예법에 따라 가족을 위해 헌신하는 생을 살았다. 고단한 일상에서도 장계향은 자신의 삶을 지탱해 온 살림과 요리에 관한 지식을 기록하여 후손들에게 전하는 책을 썼다. 여성이 책을 내는 일이 무척 드물었던 조선 시대에 자신의 이름을 걸고 작품을 남겼다는 사실만으로도 장계향의 당당한 자존감을 느낄 수 있다. 이 책은 보리 출판사의 「역사 인물 돋보기」 시리즈 중 '예술과 문화' 편의 첫 번째 권이다. 어린이들의 첫 역사책으로, 잘 알려지지 않았던 역사 속 인물을 발굴해 저학년 어린이를 위한 동화와 유익한 정보로 꼼꼼하고 흥미롭게 엮어 낸 기획을 응원한다.

#요리연구가   #한식   #살림   #조선디미방

열네 살의 남장 여행가 김금원

신혜경·김용심 글, 김병하 그림
보리 | 20250310 | 한국 어린이교양
60쪽, 160×210mm | 9,000원
ISBN 9791163143970

'모든 물 동쪽으로 흘러드니, 깊고 넓어 아득히 끝이 없어라. 이제 알겠노라! 하늘과 땅이 크다 해도, 내 한 가슴속에 담을 수 있다는 것을.' 넘치는 기개와 호방함이 일품인 이 시의 작가는 조선 시대 여행가이자 시인인 김금원이다. 김금원은 열네 살이 되던 1830년, 금강산과 설악산을 거쳐 서울에 이르는 1,000킬로미터의 여정에 올랐다. 성차별이 극심했던 조선 후기, 여성이 넓은 세상을 자유로이 누비기 위해서는 '남장'이 유일한 방법이었다. 김금원은 길 위에서 마주한 풍경을 시와 유람기로 기록한 『호동서락기』를 남겼다. 그의 글들은 세상에 널리 알려졌고, 당시 국왕 헌종에게 전해져서 칭송을 받았다. 이후 당대 여성 문인들과 교류하며 문학 모임을 결성해 평생 창작 활동을 이어 갔다. 이 책은 시대의 장벽을 뛰어넘어 문학으로 세상에 이름을 남긴 김금원의 발자취를 부드러운 그림과 다정한 글을 통해 한층 아름답게 전하고 있다. 보리 출판사의 「역사 인물 돋보기」 시리즈 중 '예술과 문화' 편의 두 번째 권이다.

#여행가　#시인　#금강산　#호동서락기

제주 해녀 항일 운동가 부춘화

신혜경 · 한민혁 글, 김병하 그림
보리 | 20250807 | 한국 어린이교양
60쪽, 160×210mm | 9,000원
ISBN 9791163144243

조금만 관심을 두고 살펴보면, 일제강점기 당시 조선의 모든 직업군에서 항일 운동이 일어났음을 어렵지 않게 알 수 있다. 제주 해녀 부춘화 역시 그 주인공이다. 거친 바닷속에 맨몸으로 뛰어들어 해산물을 채취하며 집안 살림을 일구던 여성이, 일제의 부당한 노동 행위에 맞서 투쟁을 벌이다 옥고를 치른 것이다. 부춘화는 1932년, 스물다섯의 나이에 제주 해녀 항일 운동을 주도했다. 부춘화와 동료들은 '지정 판매 반대', '해녀 조합비 면제', '일본 상인 배척' 등을 요구 조건으로 내걸었다. 도지사는 5일 내로 문제를 해결하겠다고 약속했지만 끝내 지키지 않았고, 부춘화를 비롯한 34명의 해녀가 체포되어 고초를 겪었다. 이 그림책은 자칫 딱딱하게 느껴질 수 있는 항일 투쟁의 역사를 생생한 글과 친숙한 그림으로 풀어내어 흥미롭게 전달한다. 보리 출판사의 「역사 인물 돋보기」 '독립과 인권' 시리즈 중 첫 번째 권으로, 알려지지 않은 인물을 발굴해 저학년 어린이를 위한 동화로 엮었다.

#일제강점기 #제주 #해녀 #노동운동

날아라, 메리!:
열기구 타고 하늘 높이 (메리 마이어스)

수 간츠 슈미트 글, 이아코포 브루노 그림, 한성희 옮김
키위북스 | 20250101 | 미국 어린이교양
44쪽, 228×279mm | 15,000원
ISBN 9791191748970

 1850년에 태어난 메리 마이어스는 여성 열기구 비행사이자 기상과학자, 발명가였다. '카를로타'라는 예명으로도 유명했던 메리는 남편 칼과 함께 다양한 연료를 열기구에 시험하고, 이동용 가스 장치를 설계 제작하였으며, 스크루 프로펠러 장치를 고안하는 등 항공학 분야에서 진보를 일구어 냈다. 비행 중 수많은 위험에 맞닥뜨렸지만 놀라운 집중력과 현명한 판단력으로 고비를 넘겼고, 60세가 되어서도 허공을 자유로이 떠다니며 비행과 모험을 즐겼다. 역사에서 거의 잊힌 여자 비행사의 업적을 자세하고 재치 있게 서술한 정보책이다.

#여성과학자 #비행사   #발명가   #모험

완다는 별의 소리를 들어요:
소리로 우주를 연구하는
시각 장애인 천문학자 이야기

완다 디아스 메르세드·에이미 S. 핸슨 글,
로시오 아레올라 멘도사 그림, 지구 옮김
너머학교 | 20251117 | 미국 어린이교양
40쪽, 153×200mm | 17,500원
ISBN 9791192894836

　　푸에르토리코 태생의 천문학자 완다 디아스 메르세드는 과학을 공부하던 스무 살 무렵 시력을 잃었지만, 우주의 경이로움과 과학의 아름다움을 놓치지 않았다. 음향화 기술을 이용해 다른 사람들이 눈으로 보는 데이터를 소리로 바꾸어 들으며 연구를 계속했기 때문이다. 소리로 연구한다고 해서 정보가 부족한 것은 아니고 단지 정보를 다루는 방식이 다를 뿐이었다. 오히려 별에서 나오는 에너지에 아주 작은 파동이 숨어 있다는 것을 알아차림으로써 우주의 비밀에 다가설 수 있었다. 완다의 곁을 지켜 준 친구와 동료 연구자들의 도움이 있었기에 이런 성취를 얻을 수 있었다는 점도 강조한다. 다양한 배경의 연구자들이 함께 참여하며, 다감각적 데이터를 활용한 '포용적 과학'의 의미를 알려 주는 의미 있는 인물 이야기.

#시각장애　#배리어프리　#과학　#다감각적탐구　#관점확장

눈에 보이지 않는 세계:
그림을 숨긴 힐마 아프 클린트

하리에트 환 레이크 글·그림, 지명숙 옮김
베로니카이펙트 | 20250505 | 네덜란드 그림책
32쪽, 230×290mm | 16,800원
ISBN 9791197833076

시대를 앞서간 예술가이자 추상화의 선구자로 재조명된 스웨덴의 여성 화가 힐마 아프 클린트의 삶을 담은 그림책. 그동안에는 잘 알려지지 않았으나 칸딘스키와 몬드리안보다 먼저 추상화를 시도했고, 사후 수십 년이 지나서야 독창적인 예술 세계를 인정받으며 재발견된 예술가다. 어린 시절 자연 속에서 살며 느꼈던 신비로운 감각, 보이지 않는 것들을 향한 철학과 우주의 본질을 화폭에 담아냈으나 생전에는 이를 인정받지 못했다. 화가 역시 자신의 그림이 현재가 아닌 미래 세대를 향해 있음을 깨닫고 스스로 작품을 20년간 숨겨 두었다고 한다. 눈에 보이지 않는 세계를 발견하는 힐마의 시각은 마치 어린이와 닮아 있다는 생각이 든다. 너머의 이면을 향한 사유와 상상력, 대담한 독창성의 세계가 더 알려지기를 기대한다.

#화가 #예술세계 #독창성 #추상화

세상을 바꾼 도서관:
세계에서 가장 큰 어린이 도서관을 세운 옐라 레프만 이야기

캐서린 패터슨 글, 샐리 덩 그림, 김난령 옮김
불광출판사 | 20250820 | 미국 어린이교양
112쪽, 228×279mm | 22,000원
ISBN 9791172611859

　뮌헨 국제아동청소년도서관 설립, 국제아동청소년도서협의회(IBBY)의 창설을 이끌어 낸 옐라 레프만 이야기. 17세 때 이미 이주 노동자의 자녀들을 위해 독서실을 열었을 정도로 어린이와 책을 사랑했던 옐라 레프만은 히틀러의 유대인 박해를 피해 미국으로 이주했다가, 여성과 어린이를 재교육하는 임무를 부여받고 패전한 독일로 귀국했다. 돈도 조직도 없는 열악한 환경에서 세상 사람들의 선의를 최대한 이끌어 내면서 새로운 미래를 일구어 낸 열정과 인간적 고뇌를 읽을 수 있다.

#어린이책　#도서관　#전쟁　#교육　#국제아동청소년도서관

북받친밭 이야기

김영화 글·그림
이야기꽃 | 20250908 | 한국 그림책
54쪽, 155×285mm(병풍제본) | 32,000원
ISBN 9791192102429

제주도 한라산과 숲에 깃들어 있는 이야기를 소재로 작품 활동을 해 온 김영화 작가가 사려니숲길 한쪽의 '북받친밭'이라는 낯선 숲으로 독자들을 안내한다. '제주 4·3'의 공식적 기억이 아닌 '항쟁'과 '봉기'를 상징하는 장소이다. 변변한 증언조차 남기지 못한 채 잊혔던 사람들의 목소리와 그 의미가 촘촘한 펜화를 통해 우리에게 전해진다. 책의 앞면은 숲이 들려주는 현재의 이야기, 뒷면은 '제주 4·3' 피해자의 증언으로 이루어져 있다. 독서를 통해 두 개의 시간대를 통과하여 나온 우리는 '제주 4·3'에서 아직 해결하지 못한 역사적 과제가 무엇인지, 진정한 평화로 가는 길에 무엇이 더 필요한지 같은 구체적인 탐구와 질문의 목록을 늘려 가게 될 것이다.

#제주4·3　#기억의장소　#애도　#병풍접지　#역사화　#증언

안전

Q22 어린이에게 자기 몸에 대한 권리를 알려 주나요?

Q23 어린이의 안전을 지키고, 위험에 노출된 어린이가
안정감을 되찾도록 도와주나요?

황금 고라니

김민우 글·그림
노란상상 | 20250515 | 한국 그림책
48쪽, 240×240mm | 16,800원
ISBN 9791193074732

호란은 황금 고라니를 보았다고 주장하지만, 돌아오는 것은 가족과 친구들의 놀림뿐이다. 고립된 채 슬퍼하던 호란에게 할아버지가 다가와 고라니를 보러 가자며 손을 내민다. 기대를 품고 산에 올랐으나 날은 어느덧 저물고, 포기하려던 찰나 환하게 빛나는 황금 고라니 부자가 모습을 드러낸다. 긴 송곳니가 삐죽 나온 수컷 고라니와 그 곁의 새끼. 노랗게 환한 화면 가득 두 마리의 황금 고라니가 동그란 눈을 크게 뜨고 호란을 바라본다. 이야기는 세상에서 소외된 듯 쓸쓸한 표정의 할아버지를 호란의 말을 믿어 주는 유일한 조력자로 설정했다. 할아버지는 '오랜만에 멀리 나온' 사람이고, 동물의 똥을 읽을 줄 아는 사람이고, 손녀의 소원을 대신 빌어 주는 특별한 존재다. 수컷 고라니와 새끼의 배치는 할아버지와 손녀의 관계를 투영하며, 두 사람이 서로에게 얼마나 놀라운 '기적'인지 일깨운다. 불가능해 보이는 상상을 믿는 어린이와 소외된 노인이 함께 보물을 발견하고 돌아오는 장면이 해방감과 행복을 선사한다.

#믿음 #기적 #소원 #시골 #할아버지

전쟁과 나

유은실 글, 이소영 그림
초록귤 | 20250625 | 한국 그림책
68쪽, 230×280mm | 16,800원
ISBN 9791167553331

주인공 온이는 전쟁이 나면 피난을 가야한다는 사실을 알고 걱정이 많아졌다. 할아버지와 함께 피난할 수 있을까. 누군가 우리를 도와주기는 할까. 어린이의 상상 세계에서 전쟁의 공포가 점층될 때 독자는 깨닫는다. 전쟁은 나와 상관없는 사건이 아니다. 소수자 혐오와 전쟁은 거리가 멀지 않으며, 전쟁이 일어나면 누구보다 어린이와 장애인 같은 사회적 소수자가 고통받게 된다. 결국 우리를 살게 하는 것은 평소의 평화적인 실천과 이웃과의 관계망이라는 이야기를 어린이의 상상력에 기반한 서사와 유머러스한 그림으로 풀어냈다. 전쟁이 일상이 되어 버린 장소가 가득한 이 시대에, 전쟁 속에서 삶을 이어 가야 하는 사람들을 생각하며 '전쟁과 평화'에 대해 되짚어 볼 만한 주제를 시의적절하게 제시한다.

#전쟁   #평화   #돌봄   #관계   #책임   #연대

나는 두렵지 않아

장프랑수아 세네샬 글, 시모네 레아 그림, 최현경 옮김
킨더랜드 | 20250920 | 캐나다 그림책
40쪽, 216×280mm | 16,800원
ISBN 9791170821304

언제든 다시 전쟁이 일어날지 모른다는 불안과 공포는 아이에게 여전히 트라우마로 남아 있다. 전쟁과 이주를 겪은 아이는 삶이 무너지고 파괴되는 폭력의 무게를 잘 안다. 자신이 마주친 학교 폭력도 이와 비슷하리라는 사실도. 아이는 엄마와 대화를 나누며 어른도 다양하고 수많은 두려움 속에 살고 있다는 걸 알게 된다. 두려움이라는 감정을 받아들이는 건 용감해지는 일이라는 것 또한. 이 책은 다양한 은유와 비유를 빌려 폭력의 연결 고리를 끊어 낼 수 있는 용기를 전한다. 폭력의 피해는 누구에게나 일어날 수 있다. "이제 내일이 오는 게 더 이상 두렵지 않아요."라는 말은 더 이상 방관자로 남지 않도록, 무력해지지 않도록 만드는 연대를 향한 강력한 다짐이다. 평화와 안전은 우리의 당연한 권리다. 더 나은 내일을 만들 수 있을 것이다.

#전쟁　#폭력　#두려움　#용기　#연대

4x4의 세계

조우리 글, 노인경 그림
창비 | 20250314 | 한국 동화
140쪽, 152×223mm | 13,800원
ISBN 9788936443412

어린이 병동에 장기 입원 중인 호와 새롬의 이야기다. 호는 환자 침상에 누우면 바라보이는 천장의 네모난 타일 16장에 빙고를 채우듯 가로세로 안에 놓일 무언가를 상상하며 외로운 투병의 시간을 보내고 있다. 병원 안 도서관에서 같은 책을 좋아하는 새롬을 만나 천천히 우정을 쌓고 재활의 의지를 나눈다. 시간과 공간, 신체적 제약 속에서 두 어린이가 서로에게 닿으려고 노력하고, 연결된 세계를 상상하며, 더 나은 다음을 격려하고 아슬아슬하게 재회를 기약하는 모습이 감동적이다. 호를 간병하는 할아버지를 비롯한 주위 어른 인물들이 그들의 한계를 정직하게 보여 준다. 치료비를 마련하기 위해서 온 가족이 분투하는 가운데에도 웃음을 잃지 않고 이 상황을 통과하기 위해 애쓰는 과정 등이 생생하게 그려져 있다. 비 오는 날이면 병원 앞마당의 지렁이를 염려하고, 친구의 투병을 응원하는 두 어린이의 모습에서 경계를 뛰어넘은 연대의 마음을 읽을 수 있다.

#입원생활 #돌봄 #우정 #가족애

나비도감

최현진 글, 모루토리 그림
문학동네 | 20250612 | 한국 동화
160쪽, 153×220mm | 13,500원
ISBN 9791141610623

주인공인 열한 살 강산은 소아 난청으로 일곱 살 때부터 왼쪽 귀에 보청기를 착용하고 있다. 6학년 누나 강메아리에게 날마다 같이 등교할 정도로 깊이 의지하고 있었는데, 여름 방학 중 워터슬라이드 붕괴 사고로 갑자기 누나를 잃었다. 누나가 세상을 떠나면서부터 산이는 안다고 믿었던 존재들을 하나하나 살펴본다. 누나가 좋아한 것들을 발견하고, 누나의 친구와 가까운 관계들을 짚어 보고, 곁에 없는 누나의 생일잔치를 준비하면서 슬픔을 받아들인다. 누나가 곁에 없지만 누나의 삶에 대해서, 나아가 자기 자신이 누구인지에 대해서 더 잘 알게 된다. 오래전 헤어진 아빠가 남긴 『세계나비도감』은 주인공이 자주 읽는 책이다. 강산은 귀를 대신해서 날개로 소리를 듣는 나비처럼 세상에 조금씩 마음을 연다. 재난, 사고로 목숨을 잃은 희생자의 남겨진 가족이 겪는 아픔을 되돌아보게 한다. 생명을 존중하고 다양한 조건에서 자신의 삶을 꾸려 가는 존재들에 대한 폭넓은 이해의 시선을 갖도록 도와주는 장편 동화다.

#장애　#비장애　#청각장애　#애도

왝왝이가 그곳에 있었다

이로아 글
문학동네 | 20250210 | 한국 청소년소설
176쪽, 140×205mm | 13,500원
ISBN 9791141608873

고등학생 이연서는 하천 주변을 산책하다가 하수구 아래에서 개구리처럼 울고 있는 낯선 소년을 만난 뒤 '왝왝이'라는 이름을 붙인다. 주인공은 버스 침수 사고의 생존자이며, 친구 정소연은 같은 버스를 탔다가 참사로 세상을 떠났다. 연서는 친구들과 소연의 추모제를 준비하는 과정에서 왝왝이와 종종 마주치는 혼란스러운 상황을 겪는다. 이 작품은 사회적 참사의 생존자가 겪는 죄책감, 재현의 왜곡, 고통스러운 기억의 상실을 포함하는 길고 긴 애도의 경과를 다룬다. 읽는 동안 독자는 왝왝이의 정체를 궁금해하는데, 그의 존재가 밝혀질수록 우리가 얼마나 주위의 다른 존재와 그들의 아픔에 무관심하게 살아왔는지 깨닫게 된다. 여기서 왝왝이가 파충류의 음성으로 울고 있다는 사실은 의미심장하다. 이야기는 참사의 희생자를 기리고, 생명에 대한 경외의 감정을 회복하면서 비인간 존재들과 함께하는 더 큰 세계로 나아간다. 환상적인 서사 안에 현실에 대한 예리한 비판이 깃든 청소년소설이다.

#사회적참사　#애도　#우정　#비인간존재

인공지능과 살아남을 준비

김태권 글, 김기현 감수
천개의바람 | 20240902 | 한국 청소년교양
176쪽, 135×205mm | 13,000원
ISBN 9791165735616

2025년, 정부는 국가 인공지능(AI) 전략을 차세대 성장 동력의 핵심 축으로 삼겠다고 선언하면서, 누구나 인공지능을 활용하는 기본 사회를 실현한다는 목표를 내세웠다. 하루가 다르게 변화하는 인공지능 환경에서 인공지능에 대한 문해력을 높이는 일, 디지털 세계에서의 인권과 민주 시민 의식 같은 덕목이 무엇보다 중요해졌다. 이 책은 인간이 잘하는 일과 인공지능이 잘하는 일 구분하기, 생성형 인공지능을 현명하게 사용하기, 인공지능이 사회의 편견을 배울 위험성 등 청소년들에게 꼭 필요한 정보와 핵심 쟁점들을 잘 짚어 주고 있다. 인간다움을 잃지 않으면서도 외계 지능인 인공지능과 조화롭게 살아갈 방법을 현명하게 모색해 보자.

#인공지능 #인공지능기본사회 #안전 #디지털인권 #민주주의

연대

Q24 사회적 소수자가 서로 연대하고
협력하는 모습이 드러나나요?

Q25 등장인물이 성별·연령·민족·계층과 상관없이
서로 존중하며, 사회적 편견에 함께 저항하나요?

Q26 비인간 존재를 적극적인 행위자로 존중하고
함께 세상을 만들어 가나요?

우리는 진짜 진짜 사람입니다

엑스 팡 글·그림, 김지은 옮김
위즈덤하우스 | 20250120 | 미국 그림책
56쪽, 216×279mm | 17,500원
ISBN 9791192655901

커다란 눈, 파란 피부, 설명하기 어려운 생김새를 가진 세 명의 낯선 방문객은 이렇게 말한다. "우리는 진짜 진짜 사람입니다." 우주선이 고장 나서 불시착한 이들을 마을 사람들은 기꺼이 돕는다. 사람들의 친절을 경험한 이들이 우주로 가서 도움을 주는 '친절한 사람'이 되었다는 이야기다. '친절은 또 다른 친절을 부른다'라는 익숙한 서사지만, 이유 없는 선의와 친절을 경계하며 단절과 고립을 경험하는 현대 사회의 어린이에게 새로운 시사점을 제시할지도 모르겠다. 과연 '진짜 진짜 사람'이란 어떤 존재일까? 지구에서 우주까지 드넓게 펼쳐지는 호방한 상상력은 물론, 낯선 방문자들을 기꺼이 환대하고 심지어 '사람'이라는 말을 믿어 주는 관대함까지, 작가의 유쾌한 유머가 빛을 발하는 책이다.

#친절　#환대　#연대　#이웃　#소수자

머리카락이 자라면

김현례 글·그림
웅진주니어 | 20250123 | 한국 그림책
44쪽, 190×260mm | 15,000원
ISBN 9788901292304

이야기는 병원에 입원한 어린이의 모습에서 출발한다. 짧은 머리카락을 가진 아이는 머리가 길었으면 하는 작은 바람이 있다. 페이지를 넘길수록 아이의 머리카락이 자라고, 아이는 자라난 머리카락으로 할 수 있는 온갖 일을 상상하며 장면 장면을 유쾌하게 채운다. "머리카락이 자라면"이라는 말이 반복되며, 경쾌하게 상상의 세계를 넘나들면서 이야기가 점점 확장되는 순간, 아이는 애써 기른 머리카락을 싹둑 자른다. 그리고 잘린 머리카락이 또 다른 아이에게 보내질 때, 이 책은 아이의 천진난만함을 그린 이야기에서 나눔과 연대의 이야기로 진화한다. 자라나는 것만은 머리카락만이 아니었음을, 누군가의 소망은 타인을 향한 마음이 될 수 있음을 어린이의 시선에서 전달하는 그림책이다.

#우정 #친구 #연대 #질병

나 너희 옆집 살아

성동혁 글, 다안 그림
봄볕 | 20250602 | 한국 그림책
40쪽, 220×270mm | 22,000원
ISBN 9791193150597

희귀 난치병으로 다섯 번의 대수술을 받으며 자랐고, 여섯 번째 몸으로 썼다는 의미의 시집 『6』을 출간했던 성동혁 시인의 경험을 담고 있다. 병실에서 친구들이 있는 교실을 그리워하며 책을 읽고 긴 투병의 시간을 견뎌 낸 아이는 어른이 되고, 시인이 되었다. 하지만 여전히 질병의 제약으로 활동적인 운동은 할 수 없기 때문에 한 번도 산에 올라가 보지 못했다. 그는 친구들에게 등산할 수 없는 아쉬움을 털어놓은 적이 있는데, 어른이 된 시인의 친구들은 아차산 등산을 계획한다. 누군가는 의료인이 되어 돌봄을 맡고, 누구는 산소통을 챙기고, 누구는 시인을 업고 갈 알루미늄 지게를 제작하며 기적과도 같은 등산을 해낸다. 이들의 도전을 푸르고 환한 이미지로 표현한 다안 작가의 그림이 읽는 이에게 용기를 준다. 장애 어린이가 느끼는 갑갑함, 비장애 어린이와 장애 어린이가 나란히 성장하는 기쁨과 보람을 생생하게 담아낸 작품이다.

#난치병　#장애　#돌봄　#등산　#우정

주문 많은 요리점

미야자와 겐지 글, 김진화 그림, 박종진 옮김
여유당 | 20241201 | 일본 · 한국 그림책
56쪽, 230×308mm | 18,000원
ISBN 9791194100034

　젊은 신사 두 사람이 비싼 옷과 총을 두르고 흰곰 같은 커다란 개를 끌며 숲으로 사냥을 나선다. 그러나 길 잃은 산속에서 마주친 건 사냥감이 아닌 '주문 많은 요리점'. 맛있는 요리를 먹게 될 것을 기대했으나 끊임없이 이어지는 '주문'을 통해 자신들이 '요리'가 되어 가는 과정임을 깨달은 사냥꾼들은 허겁지겁 도망친다. 100년 전에 쓰인 이 이야기는 오늘날에도 묵직한 시사점을 남긴다. 요리점에서 일어나는 기이한 일들은 자연이 인간에게 건네는 섬뜩한 경고다. 돌이킬 수 없는 환경 위기 앞에서 우리에게 필요한 태도와 자세는 무엇일까? 자연에 대한 경외심, 생명 존중을 이어 갈 수 있는 물꼬로 이 작품이 다시 읽히길 바란다.

#자연　#공존　#환경위기　#경고　#반전

그늘 안에서

아드리앵 파를랑주 글·그림,
신유진 옮김 | 보림
20250523 | 프랑스 그림책
40쪽, 290×210mm | 24,000원
ISBN 9788943317843

한 여자아이가 터벅터벅 걸어온다. 타오르는 태양을 피해 자그마한 바위의 그늘 안에 자리를 잡고 앉는다. 그러자 다른 동물들도 하나씩 그늘로 모여든다. 민담의 반복되는 서사 구조처럼 한 페이지를 넘길 때마다 한 동물씩 등장하고, 바위 그늘 안에 있던 동물들은 자세와 위치를 매번 조정해 가며 새로 등장한 동물을 그늘로 들어오게 한다. 서로의 자리를 내어주는 장면을 우정이나 연대로만 해석하기에는 미흡하다. "그날은 새벽부터 태양이 뜨겁게 타오르고 있었습니다."란 첫 문장과, 네온 컬러로 표현된 작열하는 태양, 그리고 보색 대비가 만들어 내는 이미지의 긴장감에서 기후 위기를 읽어 내도 무방하다. 한정된 그늘에서 어떻게든 다른 동물의 자리를 만들려고 마치 아크로배틱 같은 힘겨운 자세를 취하는 어린이와, 서로의 몸을 퍼즐 조각 맞추듯 어렵사리 구획하는 동물들을 보면 기후 위기 시대의 절박한 생존이 감각된다.

#바위 #태양 #기후 #연대 #동물

숲에서

에바 린드스트룀 글·그림, 이유진 옮김
단추 | 20250530 | 스웨덴 그림책
32쪽, 215×220mm | 16,000원
ISBN 9791189723453

숲에 사는 마간, 스뉴텐, 트림 세 명은 숲에 대한 '모든 결정'을 내리며 지내 왔다. 비가 오고, 바람이 불고, 구름이 끼고, 해가 나는 결정이 자신들의 몫이었다고 말한다. 그러던 어느 날, 아름다운 호수가 있는 섬에서 휴가를 보낼 거라며 자작나무가 떠나고 다른 나무들도 사라지거나 달아나 버린다. 추위를 결정하지 않았는데 추워진다. 바람이 불도록 결정하지 않았지만 바람이 거세게 분다. "뭐라고 부를지 정할 수 없"는 계절을 지나 나무들은 다시 숲으로 돌아오고 새는 여름이 되었다고 말한다. 북유럽 문화권에서 여름은 낙원의 상징일 테고, 이 스웨덴 그림책은 그저 계절의 변화와 언제든 다시 도래하는 여름을 말하고 있을지도 모른다. 동시에, 숲의 모든 걸 결정해 왔다고 자부하던 세 명의 인간이 자연의 변화에 속수무책인 장면들에서 기후 위기라는 주제를 읽어 내기에도 충분하다.

#숲 #기후 #나무 #자연 #계절 #새

날아라 나비야

노인경 글·그림
문학동네 | 20251015 | 한국 그림책
48쪽, 200×200mm | 11,000원
ISBN 9791141613426

2021년에 태어난 「밤이랑 달이랑」 시리즈의 열 번째 이야기이자 완결편 그림책이다. 잘 때 이불도 안 덮고, 왕 주사 맞은 곳에 붙인 밴드가 떨어질까 노심초사했던 밤이가 어느새 쑥 자라 너른 공원을 누빈다. 든든한 고민 해결사이자 친구이기도 한 달이 누나도 오늘은 헬리콥터 놀잇감을 날리며 실컷 뛰어놀고 있다. 놀이에 푹 빠져 있던 밤이와 달이의 눈길을 사로잡은 노랑나비 한 마리, 이번 이야기는 여기서 시작한다. 노인경 작가는 「밤이랑 달이랑」 시리즈를 통하여 어린이의 도전과 성장을 변함없이 응원하고 있다. 그 과정에서 만나게 되는 주변 사람들의 시선과 손길은 한결같이 든든하여, 두 어린이가 세상을 친구로 하여 성장하고 있다는 믿음을 준다. 밤이와 달이를 기다리는 독자를 실망하게 하지 않는다. 특히 이번 완결편에서는 연대와 함께 생명 존중을 강조하는 시대의식까지 놓치지 않아 이 책을 소개하는 마음이 더욱 기쁘다. 2024년 서울국제도서전에서 '한국에서 가장 즐거운 책'으로 선정되었다.

#시리즈　#생명　#응원　#연대

이것은 한 마리 아기 고양이 이야기가 아닙니다

랜달 드 세브 글, 카슨 엘리스 그림, 김지은 옮김
봄볕 | 20251117 | 미국 그림책
48쪽, 279×228mm | 18,000원
ISBN 9791193150672

한 생명을 구하기 위해 어떻게 한 마을이 서로 연결되어 모두가 돌봄의 주체가 되는지를 말하는 그림책이다. 사건 그 자체나 특정 인물에 주목하는 것보다도 모두의 행동이 어떻게 이어지는지를 세심하게 포착해 그려 냈다. "이것은 ~의 이야기가 아닙니다."라는 부정의 문장이 점층되며 길 한가운데에서 들려온 작은 울음에 누군가가 걸음을 멈추고, 귀를 기울이고, 작은 행동들이 이어지며 각자가 '무엇을 했는가'가 아닌 '어떻게 함께했는가'를 묻는다. 한 사람 한 사람의 작은 손길들이 차례로 더해져 한 생명을 감싸안는 순간, 작가는 독자에게도 그 다정한 흐름에 자리를 내어준다. 이제 독자들이 그 흐름에 함께 할 차례다.

#공동체   #연대   #배려

얼마나 많은 사람이 필요할까요?

안나 폰트 글·그림, 문주선 옮김, 김유진 해설
이마주 | 20250604 | 스페인 그림책
42쪽, 177×250mm | 13,000원
ISBN 9791189044862

아기의 탄생부터 더 나은 세상을 만드는 일에까지 얼마나 많은 관심과 손길이 필요한지 돌봄과 연대의 가치를 드러내는 그림책이다. 우리는 함께 어울려 살면서도 때로 다른 사람의 존재를 부담스럽게 여긴다. 하지만 우리를 외로움에서 벗어나게 하고 성장하게 하는 것은 서로 다른 존재의 따뜻한 관심이다. 저자는 질문한다. "첫걸음마를 떼려면 얼마나 많은 사람이 필요할까요?", "어떤 일에 목소리를 내려면 얼마나 많은 사람이 필요할까요?" 비슷한 질문의 반복은 주제를 심화하고 확장한다. 콜라주로 표현하고 상하가 반전된 이미지는 내 옆의 존재, 함께 살아가는 세계를 자연스럽게 떠올리게 한다. 이 책은 어린이에게 함께 살아가는 사람들의 소중함을 말하면서 동시에 나 또한 누군가에게 그런 존재가 되어야 함을 한 편의 시처럼 말하고 있다. 2025년 볼로냐 국제 아동도서전 올해의 일러스트레이터 선정작이다.

#함께   #연대   #다수   #소수

〈나의 첫 환경책〉 시리즈

1 꼬리로 팡팡! 나는야 음악가: 댐을 짓는 자연의 목수 비버

이지유 글, 이갑규 그림 | 휴먼어린이 | 20250127 | 한국 어린이교양
46쪽, 225×250mm | 15,000원 | ISBN 9788965915980

2 내 털은 나뭇잎 색이야: 작은 생물에게 집이 되어 주는 나무늘보

이지유 글, 김슬기 그림 | 휴먼어린이 | 20250127 | 한국 어린이교양
46쪽, 225×250mm | 15,000원 | ISBN 9788965915997

3 두근두근 첫 다이빙: 남극의 추위를 이겨 내는 공동체 황제펭귄

이지유 글, 혜경 그림 | 휴먼어린이 | 20250616 | 한국 어린이교양
46쪽, 225×250mm | 15,000원 | ISBN 9788965916352

4 하얀 세상이 사라지면 어떡해?: 기후 변화로 터전을 잃어버린 북극곰

이지유 글, 유시연 그림 | 휴먼어린이 | 20250825 | 한국 어린이교양
46쪽, 225×250mm | 15,000원 | ISBN 9788965916376

5 내 똥이 선인장이 된다고?: 신비로운 화산섬에 사는 갈라파고스땅거북

이지유 글, 박재현 그림 | 휴먼어린이 | 20250825 | 한국 어린이교양
46쪽, 225×250mm | 15,000원 | ISBN 9788965916383

6 우리는 긴 여행을 떠날 거야: 무리를 지어 초원을 누비는 코끼리

이지유 글, 한아름 그림 | 휴먼어린이 | 20251222 | 한국 어린이교양
46쪽, 225×250mm | 15,000원 | ISBN 9788965916499

생태와 자연에 대한 전문적인 지식을 바탕으로, 기후 환경에 관한 중요한 질문을 던지며 전개되는 어린이 과학책 시리즈다. 비버를 통해 습지의 중요성을 말하는 『꼬리로 팡팡! 나는야 음악가』, 자신의 몸을 이끼나 나방 같은 작은 생명체들의 집으로 제공하는 나무늘보 이야기 『내 털은 나뭇잎 색이야』, 황제펭귄의 눈으로 남극의 생태를 살펴보는 『두근두근 첫 다이빙』, 북극곰 폴리의 사냥 배우기 과정에서 바다 얼음에 대해서 알아보는 『하얀 세상이 사라지면 어떡해?』, 폭염과 사막화로 인해 갈라지는 선인장밭을 일구는 갈라파고스땅거북의 도전이 담긴 『내 똥이 선인장이 된다고?』, 아프리카 코끼리와 사바나 초원의 하루를 담은 『우리는 긴 여행을 떠날 거야』 등 여섯 권이 출간되었다. 픽션과 논픽션을 결합한 구성으로 독자는 주인공 동물의 모험 이야기를 읽는 과정에서 자연스럽게 지구가 겪고 있는 문제를 이해하게 되고, 과학적인 설명을 통해 그 문제에 대한 넓은 인식을 갖게 된다.

기후, 생태에 관한 어린이책 중에는 과장된 서술로 위기감만을 강조하고 내용은 부정확하거나 빈약한 책이 적지 않다. 이지유 작가는 어린이와 청소년을 위한 과학책의 전문 저술가로서 문제의 핵심을 놓치지 않으면서도 재미있게 몰입할 수 있는 서사를 통해 기후 위기에 대한 공감대를 만들어 낸다. 초등학교 입학 무렵의 어린이부터 읽을 수 있는 편안하고 간결한 문장으로 되어 있으며, 나란히 수록된 정보가 입체적이고 충실하다.

#기후위기　#동물　#생태　#지구환경

앉는 걸 멈추지 마!

둘채 글 · 그림
쥬쥬베북스 | 20251110
한국 그림책
80쪽, 240×180mm | 19,500원
ISBN 9791193344163

여의도에서 남태령을 거쳐 한강진으로 이어졌던 '앉아서 하는 투쟁', 뜨거웠던 2024년 12월과 해를 넘긴 수개월간의 기록을 유머러스하면서도 강인하게 그려 낸 작품이다. 주인공은 세상의 모든 일을 앉아서 해결하는 사람이다. 양치질과 회의, 청소와 뜨개질, 심지어 우주인이 되어 탐험하는 상상을 할 때조차 앉아 있는 모습을 떠올릴 만큼, '앉는 행위'는 주인공의 정체성 그 자체이다. 그러던 어느 날, 대통령이 '앉는 행위'를 전면 금지하면서 이야기는 소용돌이친다. 그동안 앉아 있던 수많은 사람이 의자를 끌고 거리로 쏟아져 나와 반대 투쟁을 시작한다. "앉는 게 뭐 어때서", "서 있기를 거부한다". 분노한 시민들이 벌이는 '의자 레이싱'이 거리에 물결치고, 거대한 폭력에 맞선 당당한 행진이 이어진다. 함께 저항하며 희망을 일궜던 그해 겨울의 기억이 엉뚱하고 발랄한 상상에 힘입어 특별한 작품으로 탄생했다. "앉을 수 있어야 자유롭게 설 수도 있다."라는 '광장에서 온 추천사'가 인상적이다.

#빛의혁명 #키세스단 #계엄령 #2024년12월3일

너의 작은 친구 이지룡

윤성은 글, 보람 그림
창비 | 20241025 | 한국 동화
120쪽, 168×220mm | 12,800원
ISBN 9788936451660

아기 지렁이 이지룡은 책을 먹고 글을 아는 특별한 지렁이다. 평화롭게 살아가던 지렁이들은 공원 개발로 삶의 터전을 잃어버릴 위기에 처한다. 스마트하게 변하는 도시 공원 위에는 흙 대신 아스팔트가 깔리기 때문이다. 지렁이들은 힘을 모아 사람들에게 메시지를 남긴다. "같이 살자"고, "숨 좀 쉬자"고. 그러나 이들의 이야기에 귀 기울이는 건 어린이들뿐이다. 결국 생존하기 위해 지렁이들은 공원을 떠나 산으로 향한다. 이 동화에서는 지렁이가 똥을 싸는 장면들을 꽤 공들여 자세하게 묘사하고 있다. "우리가 먹은 것은 흙으로 돌아간다."라는 말처럼 지렁이가 먹고 싸는 일이 생태적으로 중요하다는 사실을 보여 주는 대목이다. 환경 위기에 처한 지구를 지켜 내는 건 이처럼 작고 연약한 존재들이다. 작은 친구의 목소리를 발견한 어린이가 만들어 나갈 회복의 연대가 기대된다.

#지렁이 #생태 #생존 #연대 #회복

호랑이를 부탁해

설상록 글, 메 그림
비룡소 | 20250214 | 한국 동화
204쪽, 148×210mm | 15,000원
ISBN 9788949122083

우주네 반은 병아리 부화 프로젝트를 특별 활동으로 하고 있다. 반 친구들은 모둠별로 배정받은 달걀에 이름을 지어 주고, 24시간 전원이 꺼지지 않는 부화기를 애지중지 지켜보며 병아리가 깨어날 날만을 기다린다. 그중에서 우주가 점찍어 둔 달걀은 '호랑이'. 어느 아침, 우주는 부화기 밖에서 깨져 있는 달걀 호랑이를 발견하고, 얼핏 도망치는 범인의 뒷모습까지 목격한다. 이야기는 달걀을 깬 사람을 추리하는 흐름을 놓치지 않으면서도 여느 교실에나 있을 법한 어린이들의 면면을 조명한다. 현직 교사이기도 한 작가는 오늘을 살아가는 어린이의 모습을 생생하게 재현하면서, 동시에 교사와 어린이 간 소통의 실제도 사실적으로 드러낸다. 힘없는 존재를 돌보는 과정에서 보이는 어린이의 여린 마음은 따듯하고 아름답다. 자칫 뻔하게 흐를 수도 있는 소재를 대화, 용서, 그리고 사랑으로 부드럽게 그린 점이 좋다. 2024년 비룡소 황금도깨비상 수상작이다.

#추리 #초등학교 #생태 관찰 #5학년 #돌봄

인터스텔라 여름방학

이퐁 글, 오삼이 그림
문학동네 | 20250630 | 한국 동화
144쪽, 153×220mm | 13,500원
ISBN 9791141610852

혜성의 긴 꼬리처럼 여운을 남기는 우주에 관한 다섯 편의 이야기가 담겼다. 공부를 위해 우주선에 탔다가 지구를 구하게 되고, 아무도 보지 못하는 왼쪽 세상을 가 본 기억을 떠올리고, 멸종한 인간을 다시 키워 내는 로봇들이 존재하고, 간절한 염원을 발설해 초공간 차원으로 여행을 떠나고, 외계 생명체로 인해 소꿉친구에게 준비 안 된 고백을 한다. SF 장르의 외피를 입고 있지만, 우리가 어디선가 마주쳤고 일어날 법한 이야기들이다. 열린 결말을 지닌 이야기들은 무한한 가능성을 지닌 우주를 닮았다. 작가는 어린이가 환대받고 이해받는 바람을 담아 우주로 통하는 시공간을 활짝 열어 둔다. 드넓고 광활한 우주의 세계로 기꺼이 뛰어들어 보길 바란다.

#SF   #우주   #연결   #비일상   #마주침

주게무의 여름

모가미 잇페이 글, 마메 이케다 그림, 고향옥 옮김
다산어린이 | 20250702 | 일본 동화
132쪽, 150×210mm | 15,000원
ISBN 9791130667607

열한 살 아킨, 야마, 슈, 가쓰는 같은 동네에 사는 친구들로, 가쓰의 방을 아지트 삼아 자연스럽게 모인다. 가쓰는 근육이 점점 약해지는 근위축증을 앓고 있어 걷는 일이 쉽지 않다. 친구들은 가쓰의 느린 걸음을 재촉하지도, 특별히 도와주지도 않는다. 그저 장난을 치며 기다릴 뿐이다. 4학년 여름 방학이 시작되자 네 친구는 하나로 뭉쳐 동네 곳곳을 누비며 모험을 즐긴다. 도심이 아닌 시골을 배경으로 한 공간에는 어린이들이 탐색하고 발견할 것들이 넘친다. 친구들은 가쓰가 다른 아이들처럼 몸을 쓰는 일에 반대하지 않는다. 위험을 모르기 때문도, 걱정이 없기 때문도 아니다. 가쓰의 병이 시간이 흐를수록 악화될 것을 알기에 이들에게 중요한 것은 지금이다. 이야기 속에서 '주게무'라는, 건강과 장수를 기원하는 이름을 아픈 친구에게 건네는 행위는 돌봄이나 동정이 아니라 우정의 언어에 가깝다. 매 순간을 찬란하게 살아 내는 어린이들의 모습이 여름 숲처럼 왕성한 에너지를 내뿜는다.

#모험 #근위축증 #우정 #여름 #시골

우리는 매일 안녕 안녕

윤슬빛 글, 차야다 그림
위즈덤하우스 | 20250730 | 한국 동화
112쪽, 162×207mm | 14,000원
ISBN 9791194770190

『갈림길』로 제14회 웅진주니어문학상 단편 부문 대상과 제64회 한국 출판문화상을 받은 윤슬빛 작가의 신작 장편 동화다. 주인공 린아와 윤하, 윤하의 동생 나율이는 민꽃게와 망둥이를 만난 뒤 숨길을 통해 바닷속 학교로 들어간다. 판타지 세계에서의 시간은 어린이들에게도, 바닷속 생물들에게도 그저 자기 모습으로 존재하면서 다른 친구와 만남을 이루는 경험이 된다. 이러한 계기를 결정적으로 만드는 건 린아와 윤하가 쓰는 시다. 수록된 네 편의 시는 여느 동시집에 실려도 포스트잇을 붙여 두고두고 읽을 만큼 빼어나다.

"망친 찰흙 작품을/쓰레기통에 넣은 날//복도에서 누가/내 등에 붙은 가격표를 떼어 줬어//아주 자주/축축한 찰흙을 만지는 기분//무딘 조각칼도/상처를 낸다는 걸/교실에서 배웠지//찰흙은/그늘진 곳에서 말려야 한다는 것도//그늘 깊은 데서/나를 말린다//서서히//갈라지지 않게"(「찰흙」 전문)

#바다　#휠체어　#학교　#동시　#마음

현진에게

이수진 글, 양양 그림
사계절 | 20251003 | 한국 동화
176쪽, 147×210mm | 13,000원
ISBN 9791169813938

1959년 일본의 도쿄를 배경으로 주인공 현진과 같은 반 정우, 일본인 단짝 친구 료 사이의 우정을 그린 장편 동화다. 현진의 부모는 일제강점기에 조선에서 결혼해 현진과 세진을 낳았지만, 한국 전쟁 이후 이산가족이 되었다. 현진과 세진은 일본인 엄마와 함께 도쿄로 왔고 한국인 아버지는 일본을 오갈 수 없어 편지만 주고받을 뿐 만나지 못한다. 친구들은 현진이가 일본인 와타나베 하루토인 줄 알고 있다. 재일 조선인에 대한 차별을 아는 현진은 절친 료에게조차 자신의 상황을 드러내지 못한다. 반면 정우는 자신이 조선인이라는 걸 숨기지 않는다. 이 세 인물을 중심으로 전쟁이 끝났지만 계속되는 폭력, 정체성에 대한 고민, 차별과 혐오를 뛰어넘으려는 어린이들의 용기가 먹먹하게 그려진다. 근대사의 아픔을 끌어안고 있는 작품이지만, 그 안에서도 서로 의지하며 빛으로 자라는 어린이들의 모습이 서정적으로 재현된다.

#정체성　#폭력　#차별　#우정　#평화

달콤한 곰 님의 교실에서는

정유경 글, 경혜원 그림
천개의바람 | 20250515 | 한국 동시집
108쪽, 170×220mm | 14,000원
ISBN 9791165736194

『까불고 싶은 날』, 『까만 밤』, 『파랑의 여행』에서 매번 다양한 동시를 선보인 정유경 시인의 네 번째 동시집이다. '이야기 동시집' 시리즈로 초등 교사인 어른 화자가 학교 이야기를 들려준다. 교실에서의 한 해를 시작하는 이야기를 동시와 선생님의 짧은 일기로 만나다 보면 선생님 눈에 비친 어린이들이 얼마나 사랑스러운지 느낄 수 있다. 선생님에 대해 친근한 마음도 생긴다. 어린이들 앞에서 때론 긴장하고 서투른 모습을 솔직히 고백하는 선생님은 마치 친구 같다. 개학을 앞두고 '이상한 학교의/괴상한 복도에서/기이하게 생긴 교실을 찾아' 헤매다 '상어 입속 같은 교실에 들어가 있는' 악몽을 꾸는 선생님에게, 어린이 독자는 새 학기의 긴장과 두려움을 공유하며 이를 해소할 수 있어 보인다. '나의 일은 사랑과 가르침'이라고 말하는 선생님과 어린이가 만들어 가는 학교가 달콤하게 여겨진다. 학교 안의 어린이와 선생님 말고도 학교 밖의 모든 이까지 학교를 사랑하고 아낄 수 있을 것 같다.

#학교 #선생님 #교실 #새학기 #새학년

검지의 힘

이선주 글
돌베개 | 20250430 | 한국 청소년소설
180쪽, 140×210mm | 15,000원
ISBN 9791194442141

평범한 여고생 하지에게 어느 날 갑자기 검지의 힘만 유독 강해지는 능력이 생긴다. 연필을 부러뜨리거나 급식실의 숟가락을 구부러뜨리는 정도의, 쓸모 있는 능력은 아니지만 어떤 이들에게는 그런 힘조차 필요할 때가 있다. 그런 검지의 힘이 돌고 돌면서 세상을 아주 조금 변화시키는 이야기다. 학교 폭력, 따돌림, 진로, 부모의 이혼 등 각자의 고민을 지닌 아이들은 검지와 검지 사이를 연결하며 서로에게 힘을 건넨다. 소설은 보이지 않는 힘을 통해 타인을 향한 관심의 눈길을 이어 간다. 우리는 언제든 서로를 도울 수 있다는 믿음을 전하며, 이 세계를 지키는 건 대단한 초능력이 아닌, 딱 검지만큼의 힘이 발휘되는 순간이라는 걸 보여 준다. 그러한 용기를 주는 작은 연대의 장면들이 가득하다.

#힘 #초능력 #용기 #연대 #성장

늪지의 렌

최상희 글
창비 | 20250711 | 한국 청소년소설
236쪽, 140×210mm | 15,000원
ISBN 9788936457372

'넥스트 제너레이션 프로젝트'라는 이름의 유전자 조작 기술이 상용화된 미래에 이 기술로 출생하고 성장한 청소년들이 기술 오류로 발작을 일으킨다. 예측이나 통제가 불가능한 발작으로 불특정 다수를 무차별적으로 해치자 해당 연령대의 청소년들은 전부 강제 소집되어 시설에 수용된다. 감옥 같은 장소에서 비인간적인 학대를 당하는 청소년들은 권력에 순응하거나 혹은 저항하거나 서로 다른 선택을 하게 되는데…. 이 프로젝트는 기후 변화로 농작물 수확량이 급감하고, 내전과 폭동이 발생하고, 전염병이 광범위하게 퍼지면서 인구 절반이 사라지는 상황에서 시행됐다. 기후 위기 시대의 고통은 이에 대한 책임이 없는 어린이와 청소년에게로 향한다는 점을 무섭게 고발하는 작품이다. 그럼에도 우정과 용기에 힘입어 어른이 만든 세계를 부수고 탈출하는 청소년들을 만나며 현재의 위기에 대한 성찰과 변화를 향한 희망을 동시에 지니게 한다.

#SF   #유전자조작   #폭력   #연대

지중해의 끝, 파랑

이폴리트 글·그림, 안의진 옮김
바람북스 | 20250705 | 프랑스 그래픽노블
224쪽, 220×280mm | 34,800원
ISBN 9791193801192

2015년 설립된 인도주의 기구인 'SOS 메디테라네'의 난민 구조 활동을 탐사 보도 기자이자 일러스트레이터인 이폴리트의 글과 그림으로 생생하게 만날 수 있는 그래픽노블이다. 이폴리트는 SOS 메디테라네의 난민 구조선 '오션 바이킹호'에 승선해 구조 활동을 직접 취재하고 협력한 경험을 바탕으로 이 책을 썼다. SOS 메디테라네는 리비아 북쪽 지중해 국제 해역에서 해상 인명 구조 활동을 하는 민간 단체로, 익사 위험에 처한 난민을 구조해 왔다. 2016년부터 2024년 1월 8일까지 329건의 구조 작전에서 총 39,165명을 구조했으며 180여 명의 활동가들이 참여했다. 가장 위험하다는 해상 이주 경로인 중앙 지중해에서 이루어지는 난민 구조 활동의 면면을 접하면서, 짧은 뉴스나 문학 작품으로는 미처 몰랐던 바를 알 수 있다. 난민 구조와 구호에 대한 관심과 참여가 지금까지와는 다른 차원으로 일어날 수 있을 듯하다.

#난민 #구조 #바다 #해양활동가 #NGO #지중해 #리비아

알리트:
어느 작은 개구리 이야기

제레미 모로 글·그림, 박재연 옮김
웅진주니어 | 20251027 | 프랑스 그래픽노블
320쪽, 170×230mm | 30,000원
ISBN 9788901298009

알리트는 대개 유럽 지역에 분포한다고 알려진 산파개구리 종이다. 산파개구리는 그 독특한 이름처럼 수컷이 알을 계속 등에 업고 다니다가 알이 깰 때쯤 얕은 물가에 내려놓아 부화시키는 습성을 지녔다. 알리트 역시 그렇게 태어났다. 단, 물가를 찾아가다 로드킬을 당한 개구리 등에 업혔던 수많은 알 중 유일하게 살아남은 생명으로. 로드킬 당할 운명을 모른 채 개구리는 말한다. "랭포르를 찾아갈 시간이구나, 아가들아." 도로를 건너기 직전 새 떼가 경고한다. "레탈리트다!" "레탈리트야!" 이 책에는 랭포르, 레탈리트처럼 그 의미를 추정하게 만드는 조어가 중요하게 등장한다. 마지막 장에 이르면 독자는 조금씩 인간에서 벗어난 비인간의 시점으로 자연과 세계를 바라보게 된다. 알리트가 탄생하는 첫 장에서 별다른 감흥 없이 보았던 로드킬 장면을 깊이 참회하며 성찰하게 된다.

#개구리 #로드킬 #도시 #문명 #생명 #탄생과죽음

찾아보기

찾아보기

『오늘의 어린이책』1~5권에 실린 전체 도서 목록입니다.

ㅈ

기타

2026 북펀드 참가자 명단

『오늘의 어린이책』은 어린이를 사랑하는 마음으로 뭉친 전문가 집단의 장기 프로젝트 결과물입니다. 애써서 만든 책인 만큼 더 많은 분들이 열어 봐 주시고 관심 가져 주시는 것이 저희의 가장 큰 보람이지요. 앞으로도 폭넓은 분야에서 『오늘의 어린이책』이 활용되기를 바랍니다.

다움북클럽이 고른 성평등 어린이·청소년책 2019-2026 연도별·출판사별 전체 도서 목록 링크입니다. 도서 구입과 추천, 도서관 수서 목록에 널리 활용해 주세요!